DK TRAVEL

TOP 10
ALGARVE

AF277090

CONTENIDOS

4

Descubriendo el Algarve

18

Top 10 Algarve

EL ALGARVE

DESCUBRIENDO

Bonita calle en Olhão

BIENVENIDO AL
ALGARVE

La soleada región del sur de Portugal, con magníficas rutas costeras, ofrece espectaculares playas donde relajarse y degustar delicioso marisco fresco. No te pierdas nada. Disfruta de lo mejor de la zona con la ayuda de la guía Top 10 Algarve.

El Algarve, elegido a menudo destino predilecto para el turismo playero en Europa, es un paraíso vacacional en el sur de Portugal, ideal para recargar energía. La costa tiene localidades turísticas como Albufeira y Portimão, que atraen a los visitantes por su litoral arenoso y por su animada vida nocturna. La surfera

Sagres y la tranquila Lagos, famosa por las llamativas formaciones rocosas de Ponta da Piedade, también son lugares imprescindibles. Estos enclaves son la base perfecta para explorar la costa: excursiones en barco para descubrir cuevas ocultas, rutas de senderismo por impresionantes acantilados

En bici por la costa del Algarve

con vistas épicas o inmersiones de buceo en entornos únicos. Si lo que se busca es naturaleza, el Parque Natural da Ria Formosa es el destino ideal. Los esfuerzos de conservación han brindado refugio aquí a una variada fauna que incluye flamencos, camaleones y serpientes.

Pero no todo se reduce a la costa. Quienes se aventuran tierra adentro son recompensados con lugares menos conocidos pero con mucho encanto. Como Silves, ciudad histórica dominada por un imponente castillo; Loulé, donde una comunidad de artesanos crea excepcionales piezas tradicionales,

y la animada capital del Algarve, Faro, con su casco viejo adoquinado y su revitalizada ribera fluvial. Muchos de los aclamados campos de golf y bodegas familiares de la región se encuentran en el interior. Sin olvidar los balnearios, los senderos forestales y los pequeños pueblos de la zona más septentrional del Algarve para quienes buscan tranquilidad.

Esta guía Top 10 reúne lo mejor que el Algarve puede ofrecer, con sencillas listas con las 10 mejores opciones, consejos de expertos y mapas y planos detallados, que hacen del viaje una experiencia extraordinaria.

HISTORIA DEL
ALGARVE

Los primeros habitantes llegaron atraídos por el magnífico entorno del Algarve. Desde entonces esta región bañada por el sol ha sido testigo de invasiones, del comercio de esclavos y ha sido el germen de una revolución que cambiaría el país. He aquí su historia.

El nacimiento del Algarve

Gracias a una ubicación estratégica en la costa, al clima suave y a las tierras fértiles, los primeros asentamientos en el Algarve se remontan a miles de años, al Neolítico, como atestiguan los dólmenes funerarios y los menhires que se levantan en la zona. En la vecina región del Alentejo se encuentra uno de los complejos megalíticos más antiguos de Europa. Alrededor del año 1000 a. C. llegaron los fenicios, que establecieron enclaves comerciales en la región. Los griegos y los romanos les siguieron, y construyeron lujosas villas como las de Milreu y Cerro da Vila (erigidas alrededor del siglo II).

Una tierra en disputa

Los romanos controlaron el Algarve durante unos 400 años e introdujeron el cristianismo y el latín. Con la caída del Imperio romano, el poder lo asumieron los visigodos, un pueblo germánico conocido por sus fieros guerreros. Gobernaron desde alrededor del año 415 hasta el 711, cuando las luchas internas y las persecuciones obligaron a una facción a pedir ayuda, y entonces llegaron los árabes.

Provenientes del norte de África, contingentes bereberes y árabes conquistaron gran parte de la península ibérica y dominaron el Algarve durante más de 500 años; incluso le dieron a la zona su nombre,

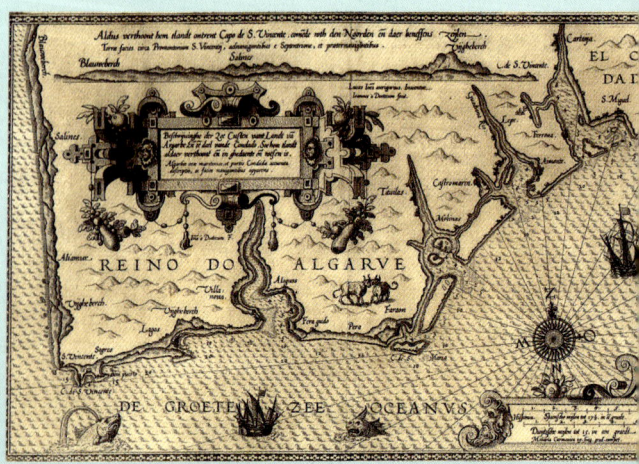

Mapa del sur de Portugal y el Algarve, 1586

Pintura que representa a Enrique el Navegante

Al Gharb, que significa 'el oeste'. Resistieron hasta las conquistas cristianas del siglo XII. Finalmente, el rey Alfonso III y las fuerzas cristianas tomaron la región. Expulsaron a los árabes e incorporaron el Algarve al Reino de Portugal recién creado. Pese a que se borraron muchas de sus huellas, algunas de ellas permanecen: Loulé conserva baños árabes y Silves se levanta a los pies de un castillo de origen islámico.

Comercio de esclavos

Silves fue la primera capital del Algarve, y lo fue hasta el siglo XVI. Para entonces, Lagos se había convertido en el centro económico más importante de la región. Desde aquí y bajo las órdenes de Enrique el Navegante, partieron las flotas de carabelas en búsqueda de nuevas tierras en la costa africana. Se inició así la Era de los Descubrimientos, que trajo mucha prosperidad: el Imperio creció rápidamente (Portugal se hizo con Brasil en 1500) y amasó una fortuna en oro, plata y marfil. Sin embargo, esta época de esplendor quedó ensombrecida por el comercio de esclavos. Al desembarcar en Lagos, los africanos que habían sido capturados eran vendidos en el Mercado de Esclavos, el primero de este tipo en Europa.

Hitos históricos

5000 a. C.
Las poblaciones neolíticas se asientan en el Alentejo y levantan el crómlech de Almendres.

Siglo II
Los romanos construyen villas como la de Cerro da Vila.

711
Los árabes invaden Portugal por la costa sur y le dan el nombre de Al Gharb.

1249
La Reconquista cristiana se completa con la toma de la ciudad de Faro.

1444
Durante la Era de los Descubrimientos los africanos son vendidos como esclavos en la localidad portuaria de Lagos, en el que es el primer mercado de esclavos de Europa.

1755
Un virulento terremoto, seguido de un tsunami, asola la costa del Algarve, destruyendo muchas poblaciones.

1910
Portugal se convierte en república tras el regicidio de 1908.

1974
Casi medio siglo después, la Revolución de los Claveles pone fin a la dictadura; la fecha, el 25 de abril, se sigue recordando.

1965
Faro inaugura el aeropuerto el 11 de julio, lo que da inicio a una época de expansión y a la llegada del turismo al Algarve.

2023
El Algarve recibe el galardón de Mejor Destino de Playa de Europa por quinto año consecutivo. Es la décima vez que la región gana este prestigioso premio.

Una época inestable

Después de una época de prosperidad, en 1755 un terremoto de magnitud 8,5 golpeó la capital portuguesa y las ondas sísmicas se sintieron en todo el Algarve, particularmente en Faro y Lagos. Numerosos edificios quedaron destruidos o parcialmente dañados tras este acontecimiento trágico, al que siguió un tsunami. Como resultado, toda la nación se sumió en una crisis que se prolongó en el tiempo. Todo empeoró en 1807, cuando el ejército francés de Napoleón, imparable, invadió Portugal, lo que obligó a la familia real a huir a Brasil. Aunque Napoleón fue finalmente expulsado, Portugal siguió inmerso en un periodo inestable. Debilitado por la guerra y la posterior pérdida de Brasil, el país entró en un periodo de caos político que duró una década y culminó con una guerra civil por la sucesión real: el absolutista Miguel desafió a su hermano, el liberal Pedro IV, pero no logró el trono.

El levantamiento portugués

A pesar de la victoria de Pedro IV, los problemas con la monarquía y el descontento en el país no disminuyeron. En 1908 el asesinato del rey Carlos I

marcó el fin de la monarquía. Dos años después se declaró la Primera República portuguesa. En 1932 Portugal pasó a manos del primer ministro conservador António Salazar, que inició una dictadura que duraría casi 50 años.

Durante la Segunda Guerra Mundial Portugal se mantuvo en una posición aparentemente neutral y aprovechó los recursos agrarios del Alentejo y el Algarve en esta etapa de cierto aislamiento. Poco a poco comenzaron a forjarse grupos clandestinos que conspiraban contra el régimen. Entre ellos estaba el Partido Comunista Portugués, que encontró apoyo entre los agricultores y pescadores del país, insatisfechos con sus condiciones laborales y el Gobierno autoritario. El 25 de abril de 1974 marcó el fin de una era, cuando el pueblo portugués salió a las calles en la conocida como Revolución de los Claveles, que puso fin a la dictadura de Salazar.

El Algarve en la actualidad

La inauguración del aeropuerto de Faro en 1965 sentó las bases que convertirían a la región en un importante destino turístico, pero el

Praia Dona Ana, una de las hermosas playas del Algarve

turismo no despegó realmente hasta después de la revolución. Antes de que las puertas se abrieran al mundo, el Algarve era algo así como un secreto: las familias portuguesas acudían en verano para disfrutar de las playas y los pintorescos pueblos de la región. Aún hoy lo hacen, pero muchas cosas han cambiado: complejos turísticos en expansión han tomado lugares como Albufeira y Portimão, mientras que la animada vida nocturna de la región ha comenzado a atraer a un público más joven. La pesca y la agricultura siguen siendo claves para la economía, pero el turismo es, sin lugar a dudas, el motor del Algarve. Con hermosas playas, complejos turísticos para familias y excelentes campos de golf, se espera que siga siendo así mucho tiempo.

Representación de una batalla naval durante la guerra civil de Portugal

TOP 10
EXPERIENCIAS

Esta guía ayuda a organizar el viaje perfecto tanto para los que visitan el Algarve por primera vez como para los que repiten. Para aprovechar el tiempo al máximo y disfrutar de lo mejor que esta región costera puede ofrecer, no hay que olvidar añadir estas experiencias a la visita.

1 Relajarse en la playa
Cualquier visita al Algarve debe incluir pasar un día junto al mar. Las playas más populares de Portugal se encuentran en esta soleada región costera, como la cinematográfica Praia da Falésia *(p. 89)* y Praia do Camilo *(p. 106)*, pero también hay muchas calas que descubrir.

2 Deleitarse con los dulces de almendras
Los golosos están de suerte porque el Algarve es famoso por sus dulces. Los más populares son las delicias a base de almendra, como los *doces de amêndoa (p. 72);* pueden encontrarse en los mostradores de casi todas las cafeterías, pero los mejores son los de Silves *(p. 28).*

3 Crear arte en Loulé
Loulé *(p. 32),* la ciudad más artística del Algarve, sorprende al visitante con mercados semanales de artesanía, tiendas independientes y técnicas que se transmiten de generación en generación. Hay talleres de cerámica y cestería en los que practicar, o se puede admirar cómo trabajan los expertos.

4 Hacer senderismo en los Siete Valles Colgantes
Uno de los mejores senderos costeros de Europa es el tramo acantilado entre Praia da Marinha y Praia do Vale de Centeanes. Esta espectacular ruta *(p. 69)* serpentea entre aguas turquesas, llamativas formaciones rocosas e impresionantes playas de arena.

5 Ir de fiesta hasta el amanecer

Los atardeceres a bordo de un barco o a orillas del mar tomando un cóctel son ideales, pero la fiesta empieza de verdad por la noche. The Strip *(p. 45)*, en Albufeira, o Praia da Rocha *(p. 89)*, en Portimão, tienen una animada vida nocturna.

6 Jugar al golf con vistas

No hay campos de golf más pintorescos que los del Algarve. Es posible jugar en un campo de prestigio *(p. 64)* con el Atlántico como telón de fondo. Para los no profesionales también está la opción de jugar al minigolf en familia.

7 Practicar divertidas actividades acuáticas

Las aguas del Algarve invitan a practicar surf, esnórquel o piragüismo. La agreste costa oeste ofrece olas en abundancia, mientras que el sur cuenta con aguas más tranquilas y con arrecifes de coral.

8 Admirar las vistas desde el castillo de Silves

El lugar más majestuoso del Algarve es el castillo de arenisca roja de Silves *(p. 28)*, levantado durante el periodo de dominación islámica. Ofrece vistas panorámicas del río Arade y de interminables filas de naranjos.

9 Explorar ciudades históricas

Además de playas, el Algarve tiene una historia fascinante. Los visitantes pueden recorrer las ruinas romanas de Estói *(p. 99)*, explorar los restos de los baños árabes de Loulé *(p. 33)* o encontrar la paz en las iglesias medievales de Faro *(p. 22)*.

10 Descubrir la fauna de Ria Formosa

El Parque Natural da Ria Formosa *(p. 38)* es un importante humedal repleto de vida salvaje. En él es posible avistar algunas de las aves más raras de la región o emprender una excursión para ver delfines junto a biólogos marinos.

ITINERARIOS

Pasar unos días de descanso en la playa, descubrir la fauna de Ria Formosa, recorrer los talleres de artesanía de Loulé y una amplia oferta para comer, beber o simplemente disfrutar de las vistas es lo que ofrecen estos itinerarios de 2 y 4 días que ayudan a aprovechar al máximo la visita al Algarve.

2 DÍAS

Día 1

Mañana
El recorrido por el Algarve empieza en la capital de la región, **Faro** *(p. 22)*, una ciudad animada que permite adentrarse en la historia de la zona y que cuenta con playas poco concurridas ideales para tomar el sol. Empieza recorriendo la Cidade Velha *(p. 22)*. Es muy recomendable visitar el **Museu Municipal de Faro** y la **Sé,** que data del siglo XIII. No te pierdas el campanario de la catedral, con vistas panorámicas de los humedales cercanos. A cinco minutos a pie está el **Bago Wine Bar** *(p. 92)*, donde puedes acompañar los *petiscos* (aperitivos) con una copa de vino de la tierra.

> ☕ **BEBER**
> En el popular restaurante con vistas al mar Bel'mare Gastrobar *(p. 92)*, en Praia de Faro, se puede disfrutar de una copa acompañada de *petiscos* (como deliciosas almejas y calamares fritos).

Tarde
Tras la comida, dirígete en autobús o en coche hasta **Estói** *(p. 99)*. Esta localidad alberga un famoso palacio rococó del siglo XIX, hoy convertido en hotel, cuyos jardines decorados con esculturas se pueden recorrer. A 20 minutos andando hay otro lugar de interés: las **ruinas romanas de Milreu** *(p. 24)*, en las que es

Faro   *desde Estói* ↓   Pigs and Cows

a Estói →

RUA DE SANTO ANTÓNIO

RUA DA MISERICÓRDIA

Bago Wine Bar

• Sé

① Museu Municipal de Faro

a Praia de Faro ←   FERRI

LARGO DE SÃO FRANCISCO

RUA CAÇADORES 4

RUA ENGENHEIRO JOAQUIM LOPES BELCHIOR

0 kilómetros   250

Las afueras   Ruinas romanas de Milreu   Estói

Patacão

Conceição

Praia de Faro

Área del plano principal

0 km   4

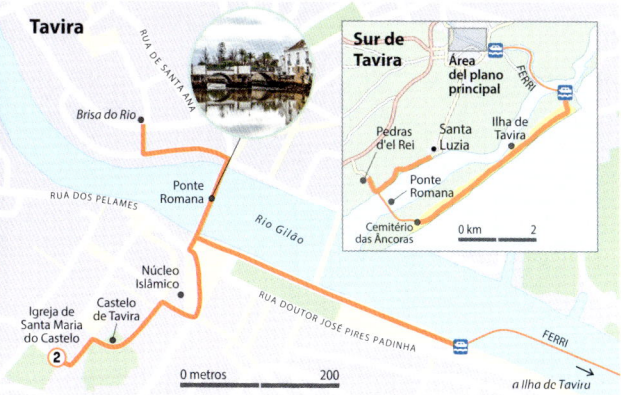

Tavira

posible ver una antigua villa y un complejo de termas del siglo II. Después de un día de turismo, toca volver a **Faro,** pero haz una parada antes en algún punto de la costa. **Praia de Faro** *(p. 89)* es ideal para dar una vuelta y ver el atardecer antes de volver a la ciudad para cenar en **Pigs and Cows** *(p. 92)*.

TRANSPORTE
Si se viaja a Ilha de Tavira *(p. 100)* durante los meses de verano, vale la pena subir al tren antiguo que lleva a los visitantes desde Pedras d'el Rei a la magnífica Praia do Barril.

Día 2

Mañana
El segundo día puedes ir en tren o en coche hasta la ciudad ribereña de **Tavira** *(p. 26)*. Se trata de un lugar repleto de historia, por lo que merece la pena salir temprano para aprovechar la visita. Una opción es comenzar por las tumbas de los caballeros cruzados en la **Igreja de Santa Maria do Castelo,** y después subir al cercano **Castelo de Tavira** *(p. 51)* para contemplar la ciudad. A continuación, visita el museo **Núcleo Islâmico** *(p. 52)*, que cuenta con una selección única de arte islámico portugués. Si aún te queda energía, puedes pasear por el río Gilão y contemplar las vistas de la **Ponte Romana.** Vale la pena cruzar el río para degustar platos regionales en **Brisa do Rio** *(p. 101)*.

Tarde
En Cais da Cidade (a un corto paseo del restaurante), súbete al ferri que va a **Ilha de Tavira** *(p. 100)*, una isla de dunas con excelentes lugares para nadar. El paseo en barco permite ver unas salinas, pero también puedes acceder a la isla a través de un puente peatonal (dirígete hacia el oeste hasta **Pedras d'el Rei**). No dejes de visitar el **Cemitério das Âncoras** (en Praia do Barril) y aprovecha para relajarte en alguna playa. Termina el día (y el viaje) con una comida en **Santa Luzia** *(p. 99)*. La capital del pulpo del Algarve es famosa por su marisco fresco, y Marisqueira O Capelo *(p. 101)* ofrece el mejor.

Barcos amarrados en la pintoresca ciudad ribereña de Tavira

4 DÍAS

Día 1

Para avistar delfines y aves poco comunes, merece la pena empezar la estancia en el Algarve en el **Parque Natural da Ria Formosa** (p. 38). Esta reserva de humedales cuenta con islas de arena y lagunas que son un oasis para la fauna. Sea cual sea la forma de recorrerlo (a través de senderos naturales o en tranquilos paseos en barco), mantén los ojos bien abiertos para ver flamencos, abubillas y la rara polla de agua azul. Para comer dirígete a la cercana ciudad de Olhão y al **Restaurante Ria Formosa** (p. 101), uno de los habituales para degustar pescado a la parrilla. El siguiente destino es **Faro** (p. 22); el paseo marítimo es un lugar muy agradable para pasear, mientras que el Museu Regional do Algarve (p. 24) descubre la vida en la región. Puedes cenar en

El calamón común, que habita en Ria Formosa

ATO Restaurante (atorestaurante.com), un establecimiento aclamado por su cocina contemporánea. Al atardecer, nada mejor que un espectáculo de fado en O Castelo (ocastelofaro.com).

Día 2

El primer café del día puede ser una de las especialidades de Bean17 (p. 92), dentro del mercado de **Loulé.** Los sábados los puestos de artesanía toman las calles de la localidad. A continuación, visita los baños árabes (p. 33) y los talleres artesanales, muchos dedicados al tejido y la cerámica.

> **COMER**
> En Silves conviene probar los dulces regionales en Doçaria do Sul (docariadosul.pt), o incluso aprender a hacerlos en los talleres gastronómicos de su dueña, Alexandra.

VISTAS
A 15 minutos en coche de Monchique está Fóia (p. 30), el pico más alto del Algarve. Desde la cima se disfruta de unas vistas espectaculares de la costa en un día despejado.

comida e ir en coche hasta **Sagres** (p. 42). Aquí se encuentran la impresionante Fortaleza de Sagres y el paseo panorámico de Ponta de Sagres (p. 43). Para ver a los surfistas en acción, puedes parar en **Praia do Martinhal** (p. 106); de lo contrario, continúa hasta la siguiente parada: el **Cabo de São Vicente** (p. 105), con impresionantes vistas del océano. El recorrido sigue hacia el norte a través del **Parque Natural do Sudoeste Alentejano e Costa Vicentina** (p. 104), uno de los tramos costeros más salvajes de Europa. En Aljezur (p. 105), dirígete hacia el interior hasta la localidad termal de **Caldas de Monchique** (p. 103). Es buena idea terminar el viaje aquí, en el acogedor Café Império (p. 31).

Después de comer, dirígete en coche hacia el oeste para tomar un breve desvío a **Silves** (p. 28), donde puedes recorrer las murallas del castillo. Por la tarde, visita **Portimão** (p. 46), el casco antiguo y la famosa Praia da Rocha (p. 89). Una cena con estrella Michelin en la terraza de Vista (vistarestaurante.com) es el broche de oro a la jornada.

Día 3

Merece la pena visitar **Lagos** (p. 34), un importante centro naval en el siglo XV con el primer mercado de esclavos de Europa. Después de interesarte por la historia del comercio de esclavos, haz una pausa en el Café Odeón (p. 105) y da un paseo por el casco antiguo. No te pierdas el Mar d'Estórias (p. 108), ideal para comprar recuerdos (y también para comer). Hay excursiones en barco o kayak desde el puerto deportivo de **Lagos** (o Praia da Batata) a la espectacular **Ponta da Piedade** (p. 34), un cabo salpicado de cuevas. Para terminar el día puedes cenar en No Pátio (p. 109) antes de tomar algo en Rua 25 de Abril.

Día 4

Para disfrutar de la agreste costa atlántica, vale la pena preparar la

Parque Natural do Sudoeste Alentejano e Costa Vicentina

TOP 10 ALGARVE

Igreja Matriz de Monchique

LO ESENCIAL DEL
ALGARVE

El Algarve cuenta con algunos lugares que no debes perderte. Descubre en las páginas siguientes por qué cada uno de ellos es una visita obligada.

Odeceixe

São Marcos da Serra

120

266

Aljezur

Monchique **4**

Alferce

K1

267

São Bartolomeu de Messines

124

Bordeira

Serra de Espinhaço de Cão

166

A22

3 Silves

Algoz

288

Bensafrim

Portimão **10**

Lagoa

125

6 Lagos

Armação de Pêra

Albufeira

Vila do Bispo

Salema

Praia da Luz

8 Sagres

Océano Atlántico

0 kilómetros   12

Sao Domingos Mine

Mértola

Almoinha Velha

Alcoutim

Martin Longo 124

Vaqueiros

Moimentos

Ameixial

Cachopo

Odeleite

Rio Guadiana

Serra de Alcaria do Cume

Alte Salir Barranco do Velho

Castro Marim

São Brás de Alportel

270 **5** Loulé

A22 **2** Tavira

125 Estói Moncarapacho

lamoura

Faro **1** **7**

Aeropuerto internacional de Faro ✈

Parque Natural da Ria Formosa

1 Faro

2 Tavira

3 Silves

4 Monchique

5 Loulé

6 Lagos

7 Parque Natural da Ria Formosa

8 Sagres

9 Albufeira

10 Portimão

FARO

📍 K6 ℹ️ Cerca del puerto; (289) 803 604

En Faro, capital del Algarve, destaca la Cidade Velha (Ciudad Vieja), un entramado de callejuelas adoquinadas en el interior del recinto amurallado medieval. Repleta de cafés y tiendas, es una zona muy pintoresca, en la que destacan la catedral y el convento con claustro.

1 Museu Municipal de Faro

Los claustros renacentistas rodeados por gárgolas con forma de animales de este antiguo convento albergan el museo arqueológico de la ciudad (*p. 53*). Destacan un suelo de mosaico romano del siglo II o III, una colección de lámparas de aceite árabes y una muestra de pintura europea.

2 Paço Episcopal
🚪 Al público

Este enorme palacio de 1585 es la sede de la Diócesis del Algarve. Abre al público cuando hay exposiciones.

3 Igreja de São Francisco
📍 9.30-12.00 lu-vi

Los muros de la iglesia de San Francisco están decorados con unos impresionantes azulejos que recrean la vida del santo. Destacan los azulejos de la bóveda, con un panel policromo en el centro que representa la coronación de la Virgen.

4 Arco da Vila

Este arco monumental del casco antiguo fue inaugurado en 1812. En su interior se encuentra una puerta en forma de arco de herradura del siglo XI, cuya construcción se atribuye a los árabes. Es la única del Algarve en su género.

CONSEJO TOP 10

Los cruceros parten de Porta Nova, del siglo XVI, cerca del Museu Municipal.

l Arco da Vila,
en estilo neoclásico

5 Centro Interpretativo do Arco da Vila

Este interesante centro cultural, en el interior del arco, recrea la historia de Faro a lo largo de dos plantas. También acoge conciertos de guitarra portuguesa (sesiones de 30 minutos a las 12.00, 15.00 y 16.30 do-ju).

6 Murallas de la Cidade Velha

Las murallas que rodean el casco antiguo son romanas. Luego fueron fortificadas por los árabes y remozadas en los siglos XVI y XVII. Hoy son un recuerdo de los pueblos que han regido la ciudad.

7 Igreja da Misericórdia

⬚ Praça Dom Francisco Gomes 17 ◷ 9.30-13.00 lu-vi

La iglesia de la Misericordia, que se levantó sobre una capilla del siglo XVI, alberga un pequeño museo. Lo más destacado es el altar del siglo XVII, que posee un espléndido arco triunfal decorado con tallas doradas de estilo rococó. Junto a la iglesia hay un hospital del siglo XVIII, pero está cerrado al público.

8 Palacete Belmarço

El arquitecto portugués Manuel Norte Júnior

diseñó este asombroso palacio en 1912, siguiendo el estilo revivalista. Al principio fue residencia del acaudalado empresario Manuel Belmarço, pero más tarde incluso llegó a ser una sede judicial.

9 Galeria Trem

Ubicada en uno de los barracones militares, la galería de arte Trem comparte espacio con un arco romano y con cimientos árabes. Es un lugar habitual para artistas locales e internacionales.

10 Sé

El interior de esta catedral del siglo XIII muestra una fusión de estilos gótico, renacentista y barroco. Destaca la Capela de Nossa Senhora dos Prazeres, una joya del

HISTORIA DE FARO

Los fenicios y los cartagineses establecieron una serie de puestos comerciales en Ria Formosa que florecieron y dieron lugar al gran puerto romano. Los árabes tomaron la ciudad, pero no pudieron resistir a los ejércitos de Alfonso III, que tomó Faro en 1249. El periodo de prosperidad terminó en 1596, cuando el conde de Essex saqueó y quemó la ciudad. Aunque se llevó a cabo una reconstrucción, en 1755 un terremoto asoló Faro.

barroco que alberga tallas de madera doradas y lacadas con incrustaciones de mármol y azulejos blancos y azules.

El bello coro de la Sé

Ciudad Nueva y ribera de Faro

Piezas expuestas en el Musei Regional do Algarve

1. Museu Regional do Algarve

📍 U2 🏠 Praça da Liberdade
🕐 10.00–18.00 ma–vi,
10.00–16.30 sá ☑

Con esta exposición de objetos tradicionales se puede descubrir cómo era la vida rural del Algarve. También se exhiben pinturas del artista de Faro Carlos Porfirio.

2. Igreja do Carmo/Capela dos Ossos

📍 U1 🏠 Largo do Carmo 🕐 do ☑

Es una muestra de riqueza barroca, decorada con láminas de oro brasileño. También contiene la Capela dos Ossos (capilla de los Huesos), con filas de calaveras y huesos pertenecientes a más de mil monjes.

3. Parque Ribeirinho

📍 K6

El parque, detrás de la estación de tren, tiene vistas a Ria Formosa. Es ideal para pasear e ir en bicicleta.

4. Centro de Ciência Viva do Algarve

📍 T3 🏠 Rua Comandante Francisco Manuel 🕐 lu 🌐 ccvalg.pt ☑

Un centro interactivo de estudio dedicado a promocionar el conocimiento científico y tecnológico. Se puede subir al observatorio del centro para realizar un viaje por la Vía Láctea.

5. Jardim da Alameda João de Deus

📍 V3 🏠 Rua da Polícia da Segurança Pública Faro 🕐 7.30–18.00 diario (verano: hasta 20.30)

El principal jardín de Faro alberga variedad de especies de plantas y algunos pavos reales. Cuenta también con una pequeña cascada, un lago y un mini campo de golf.

6. Teatro de Lethes

📍 U2 🏠 Rua de Portugal 58
🌐 teatrolethes.com

Este antiguo colegio jesuita es una pequeña joya de estilo italiano construida en 1874. Es un ejemplo de teatro de provincias de finales del siglo XIX. Sirve de escenario para obras de teatro y conciertos. Se pueden organizar visitas.

7. Ermida de Santo António do Alto

📍 V2 🏠 Rua de Berlim

Construida en 1355, es una de las edificaciones más antiguas de Faro. Se puede subir al tejado para disfrutar de las vistas.

8. Ilha de Faro

📍 K6

Es el camino natural que enlaza las dunas del Parque Natural da Ria Formosa (p. 38). La parte de la playa que da al estuario tiene sus aguas protegidas y es muy popular para practicar deportes acuáticos.

9. Palácio Bívar

📍 T2 🏠 Rua Conselheiro Bívar

Esta antigua residencia de finales del siglo XVIII, con sus ventanas con balcón y un gran portal, se considera el ejemplo más hermoso de arquitectura neoclásica del Algarve.

10. Villa Romana de Milreu

📍 K5 🕐 May–sep: lu ☑

A solo 5 km al norte de Faro se hallan las ruinas romanas de Milreu, que constan de una lujosa villa y unos baños del siglo II.

**Masa recién horneada
con queso y chorizo**

FARO COSMOPOLITA

La historia de Faro y su ambiente cosmopolita trascienden las evidentes huellas árabes y cristianas de su casco antiguo. Las casas de la Ciudad Nueva se fueron levantando extramuros a lo largo de los siglos XVII y XVIII, siguiendo el estilo manierista y configurando un área que se vería también rodeada por las almenas construidas durante la guerra de Restauración (1640-1668). La impronta de la actual Faro se basa en una vibrante vida social y una rica herencia artística. Los elegantes edificios históricos conviven con modernos museos. La ciudad ofrece además una variada agenda cultural y un gran número de restaurantes que sirven la mejor cocina tradicional del Algarve, como el *xarém* (gachas de maíz) y la *cataplana* (guiso de pescado cocinado en una olla de cobre con la forma de una almeja). La cocina se ha adaptado a los nuevos tiempos, con oferta vegetariana y de fusión y platos de pescado con toques contemporáneos que hacen de Faro una ciudad cosmopolita.

**Cenando en la
terraza de uno
de los muchos
restaurantes del
casco antiguo**

TAVIRA

📍 M4 ℹ️ Praça da República 5; (281) 322 511

La ciudad ribereña de Tavira tiene un aire intemporal. Situada a ambos lados del río Gilão, esta pintoresca localidad es conocida por el número de iglesias que alberga, cerca de 40 en total. A pesar de que la prosperidad actual de Tavira se basa en el turismo, su belleza y su relajado ambiente urbano permanecen intactos.

1 Castelo de Tavira

Los restos que se conservan de esta fortaleza árabe *(p. 51)* se extienden alrededor de un jardín de píceas. Desde las murallas hay unas vistas maravillosas de los tejados piramidales de la ciudad y de la lejana Ilha de Tavira.

2 Casa Fotografía Andrade

🏠 Rua da Liberdade 36 📞 (281) 322 298 🕐 do 💺

Esta exposición permanente muestra fotografías tomadas por la familia Andrade que registran la vida en Tavira.

3 Igreja da Misericórdia

🏠 Praça Dom Francisco Gomes de Avellar 📞 (961) 667 590 🕐 Los horarios varían, llamar antes 💺

Esta iglesia del siglo XVI, de la que están muy orgullosos sus feligreses, se considera el monumento renacentista más importante del Algarve.

4 Igreja de Santa Maria do Castelo

La fachada con el reloj de esta iglesia es un punto de referencia en la ciudad y se levanta sobre la

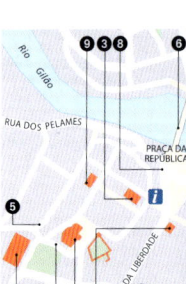

que fuera la mayor mezquita del Algarve. Alberga las tumbas de quienes derrotaron a los árabes: Dom Paio Peres Correia y siete de sus caballeros.

En el sentido de las agujas del reloj Jardines del Castelo; el vaso de Tavira, del siglo XI, en el Núcleo Islámico; azulejos en la Igreja da Misericórdia; una calle escalonada de Tavira

◀ pintoresco centro de Tavira

5 Torre de Tavira – Camera Obscura

⬛ Marqués del Real Tesoro ⓦ camera obscuratavira.com

En una antigua torre de agua, la cámara oscura ofrece en una gran pantalla una imagen de 360° de la ciudad.

6 Ponte Romana

El puente bajo con arcos de piedra que cruza el río Gilão se sustenta en unos cimientos de origen romano. Cuando lo iluminan por la noche, de forma un etéreo esplendor romántico que encanta a los artistas.

7 Ilha de Tavira

Un servicio regular de ferris conecta con esta maravillosa isla de dunas *(p. 100)*, un complejo vacacional muy popular durante los meses de verano. Resulta ideal para nadar. Pertenece al Parque Natural da Ria Formosa *(p. 38)*.

8 Núcleo Islámico

La herencia islámica de Tavira se expone en este museo *(p. 52)*. Un vídeo traza la historia de los muchos objetos que datan de la época en la que Tavira estaba bajo el dominio musulmán. Hay ollas, azulejos y un vaso del siglo XI.

9 Palácio da Galeria

🏛 Calçada da Galeria
📞 (281) 320 540
🕐 9.30-13.00 y 14.00-16.30 ma-sá ↗

En este museo, ubicado en un palacio restaurado del siglo XVI, se han expuesto obras de Picasso y Paula Rego. El palacio tiene cimientos árabes y sus restos se pueden ver bajo un suelo de cristal situado en el vestíbulo de entrada.

10 Convento da Graça

Este edificio del siglo XVI reconvertido en *pousada* de lujo *(p. 131)* destaca por su mezcla de arquitectura barroca y renacentista. Los restos de la calle musulmana del siglo XII se pueden ver desde el bar del hotel.

COCINA LOCAL

Tavira ofrece especialidades como la *açorda de marisco,* una sopa con pan, berberechos, gambas y almejas, y las *lulas recheadas,* calamares rellenos con carnes curadas y arroz, cocinados en salsa de tomate y cebolla. Santa Luzia *(p. 99),* un pueblo situado al suroeste de Tavira, es conocido como la capital del pulpo. Vale la pena probar el guiso de arroz con pulpo *(arroz de polvo).*

☕ BEBER

Vale la pena pararse a tomar un café con algún dulce local en el Café Veneza, situado en la Praça da República.

SILVES

📍 F4   🏛 Parque das Merendas; (282) 098 927

La histórica Silves, que se levanta a los pies de un castillo de arenisca, cuenta con un pasado fascinante. Antiguo asentamiento árabe conocido como Xelb que llegó a contar con 30.000 habitantes y prosperó durante años antes de que los cristianos tomaran la ciudad en 1242. En la actualidad es un centro de producción de cítricos y corcho.

1 Castelo de Silves

El castillo de Silves *(p. 51)*, el monumento islámico más imponente del Algarve, es una fortaleza construida sobre unas fortificaciones romanas del siglo IV. Las vistas desde sus almenas son impresionantes.

2 Sé

Construida en el siglo XIII, la catedral gótica de la ciudad fue la sede episcopal del Algarve hasta 1577, año en el que la sede se trasladó al palacio de los Obispos de Faro. Destacan las singulares gárgolas del ábside y las tumbas de los soldados cruzados.

3 Museu Municipal de Arqueologia

Fascinante museo *(p. 52)* que ilustra cómo ha sido la vida de los pobladores de esta zona, desde el Paleolítico hasta mediados del siglo XVI.

🌿 COMER

Ubicado bajo el castillo, el Café Inglês *(p. 92)* ofrece buenos platos caseros. Sirve también opciones vegetarianas, veganas y sin gluten.

Interior del Museu Municipal de Arqueologia

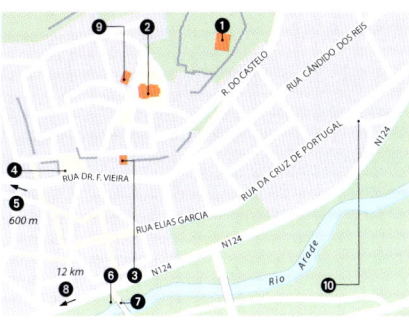

Silves, con el castillo
de arenisca al fondo

4 Antigua picota
La picota que se alza
cerca del castillo fue
reconstruida sobre unos
restos del siglo XVI.
Está rematada por una
corona adornada por
cuatro vigorosos
dragones de hierro
forjado que sobresalen
del tronco, los únicos de
este tipo que hay en el
Algarve.

5 Casa da Cultura Islâmica e Mediterrânica
📍 Largo da República
31A 📞 (282) 440 895
🕐 Solo para grupos;
llamar antes
Este espacio, ubicado
en Largo da República,
promueve el legado
islámico de Silves y sus
conexiones con la cultura
árabe y mediterránea.
Acoge exposiciones de
arte y eventos culturales.
La oficina de turismo
ofrece información sobre
las muestras.

6 Cruceros por el río Arade
Para avistar garzas y
flamencos, nada mejor
que hacer una de las
excursiones en barco que
salen del muelle cercano
a la Ponte Romana. Los
horarios dependen de las
mareas.

7 Ponte Romana
Los cimientos de este
bonito puente se remon-
tan a época romana,
mientras que el resto de
su estructura es medieval.
En la actualidad, se
encuentra cerrado al
tráfico.

8 Viñedo Quinta do Francês
En una villa a 12 km al
noroeste de Silves, cerca
de Odeluca, estos viñedos
(p. 75) ofrecen visitas
guiadas y catas de vinos.

9 Igreja da Misericórdia
La puerta lateral profusamente decorada fue
probablemente el pórtico
de entrada originario de
la iglesia. Muestra
influencias del estilo
manuelino del siglo XVI.

La capilla mayor tiene un
retablo renacentista.

10 Cruz de Portugal
Se dice que esta
hermosa cruz de granito,
que se alza muy cerca de
una importante carre-
tera, fue un regalo hecho
por Manuel I a la ciudad.

SILVES ÁRABE
Conocida como Xelb,
Silves fue la capital
árabe de la provincia
morisca de Al-Gharb y
tuvo varios minaretes,
muelles, un astillero,
baños públicos, una
sinagoga y una iglesia.
En 1053 se había
convertido en una
metrópolis en la que
vivían escritores,
científicos y filósofos.
Aunque su declive
comenzó a mediados
del siglo XII, el legado
árabe continúa
presente en la
arquitectura, así como
en los campos de
naranjos, almendros,
higueras y algarrobos.

MONCHIQUE

⚲ E3 🛈 Largo S. Sebastião; (282) 911 189

Esta bonita ciudad mercantil se esconde en medio de la Serra de Monchique, un denso tapiz de eucaliptos, castaños, pinos y alcornoques interrumpido por extensiones de áridos páramos. Monchique, con sus calles adoquinadas y ambiente rural, ofrece una atractiva alternativa a las playas y villas del litoral. Entre sus producciones locales destaca el *medronho*, un aguardiente destilado de las bayas del madroño.

1 Igreja Matriz
Una interesante puerta manuelina con bonitas columnas salomónicas da la bienvenida a los visitantes de esta iglesia parroquial del siglo XVI. En el interior sus tres naves descansan sobre columnas con capiteles adornados con motivos náuticos.

2 Galeria de Santo António
🏠 Calçada de St António

Esta galería, emplazada en una antigua ermita del siglo XVIII, organiza exposiciones de obras de artistas locales e internacionales, así como espectáculos musicales. Solo abre para exposiciones especiales y otros acontecimientos.

3 Fóia
La cima de Fóia ofrece vistas panorámicas. Sus 902 m de altitud lo convierten en el punto más alto de la Serra de Monchique. Se puede llegar en coche o subir a pie por un sendero bien señalizado.

4 Villa Termal das Caldas de Monchique Spa Resort
Este balneario de aguas termales, bajo una bóveda de pinos y eucaliptos, sigue conservando cierto aire de otros tiempos.

CONSEJO TOP 10

Monchique es famosa por sus pequeñas sillas de tijera, que siempre son un buen regalo.

Barranco dos Pisões

5 Caldas de Monchique

Los romanos se sintieron fascinados por esta zona en las colinas de Monchique –una aldea hoy– y disfrutaron de las propiedades curativas de sus aguas termales.

6 Igreja de São Sebastião

Esta iglesia alberga la hermosa talla del siglo XVII de Nossa Senhora do Desterro.

7 Barranco dos Pisões

Es una zona boscosa idílica a unos 6 km al

Villa Termal das Caldas de Monchique

noroeste de Monchique. Son famosos su antigua noria y su plátano de 150 años.

8 Nossa Senhora do Desterro

Las ruinas de este monasterio franciscano ofrecen un aspecto misterioso. Muy dañado por el terremoto de 1755, apenas queda en pie su estructura. En el antiguo jardín se alza un gran magnolio. El interior está cerrado al público.

9 Parque da Mina

Junto a una mina de hierro abandonada, este parque temático cuenta con una casa solariega del siglo XVIII restaurada y una tradicional destilería. También hay una zona de juegos, un sendero natural y zonas para hacer pícnic.

10 Picota

Aunque Picota, la segunda cumbre más alta del Algarve, con 773 m, no ofrezca

las mismas vistas que Fóia, es más escarpada y posee una agradable zona boscosa. Su emplazamiento brinda una bonita perspectiva sobre largas extensiones de prados perfumados con el espumoso mar al sur.

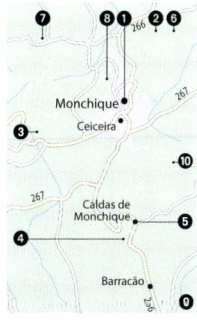

LOULÉ

📍 J4 🏛 Ave 25 de Abril 9; (289) 463 900

Esta agradable ciudad del interior es famosa por su artesanía tradicional y su magnífico mercado. Los romanos fueron los primeros que se asentaron en el lugar donde ahora se encuentra el castillo, pero fueron los árabes los que la convirtieron en una población de cierta relevancia. Son huellas de la presencia islámica el castillo o el campanario de la Igreja Matriz de São Clemente.

Piezas expuesta en el Museu Municipal de Loulé

☕ **BEBER**
En Bean17 *(p. 92)* se puede disfrutar de un delicioso café recién preparado o de sus platos vegetarianos, sin gluten y sin lactosa.

1 Museu Municipal de Loulé

El principal reclamo de este museo *(p. 52)* es la recreación de la primera planta de una cocina tradicional del Algarve, con utensilios y mantelerías del siglo XIX.

2 Igreja Matriz de São Lourenço

🏛 Rua da Igreja, Almancil

Situada unos 8 km al sur de Loulé, en Almancil, los muros de la nave, el presbiterio y la magnífica cúpula con un trampantojo están adornados con paneles de azulejos blancos y azules.

3 Castelo

Las ruinas de esta fortaleza *(p. 50)* fueron restauradas durante el siglo XIX y hoy el castillo alberga un museo. Los visitantes tienen estupendas vistas de la ciudad desde sus almenas.

4 Pólo Museológico dos Frutos Secos

🏛 Rua Gil Vicente 14

Este museo se centra en los métodos antiguos para cosechar los higos, las algarrobas y las almendras. Frutos de una agricultura de secano, desempeñaron un papel importante en la economía de la región desde la Edad Media.

5 Ermida de Nossa Senhora da Conceição

Esta capilla del siglo XVI está decorada con azulejos y alberga un altar barroco. El panel del techo, del siglo XIX, es obra del pintor de Loulé Rasquinho.

6 Mercado

Comprar en el mercado de Loulé *(p. 77)* es toda una experiencia

El mercado de Loulé, con arquitectura de estilo islámico

y es una de las visitas imprescindibles en el Algarve. Abre de lunes a sábado y está lleno de puestos de flores, pescado fresco, una gran variedad de artesanía, dulces como el mazapán e higos y otras delicias.

7 Carnaval de Loulé

Se trata del carnaval más importante y llamativo del Algarve. La gente disfrazada baila durante tres días y noches al son de ritmos latinos y de la percusión de influencia africana.

Una participante del carnaval de Loulé

8 Igreja Matriz de São Clemente

Desde el balcón de su campanario, que fue en su origen un minarete, se llamaba a los musulmanes a la oración. También destacan la Capela de Nossa Senhora da Consolação, cubierta de azulejos, y el retablo de la Capela de São Brás.

9 Banhos Islâmicos

⌂ Rua Garcia da Horta
🕐 10.00-12.30 y 13.30-18.00 ma-do

Las ruinas bien conservadas de unos baños árabes conocidos como *hammam de Al-'Ulyà* se pueden contemplar desde una plataforma que se encuentra sobre los cimientos de 1200.

10 Galeria de Arte do Convento do Espírito Santo

Los techos abovedados de este antiguo convento proporcionan un espléndido marco a las pinturas, esculturas e instalaciones conceptuales contemporáneas que se exponen aquí. Se realizan contribuciones regulares por parte de artistas locales e internacionales.

ARTESANÍA TÍPICA

Una feria celebrada en el año 1291 fue la que forjó la reputación de Loulé como centro artesanal. Muchas de las técnicas empleadas hace 800 años siguen utilizándose en la actualidad. Su cerámica es muy popular. En algunos pueblos de la zona la gente sigue trabajando con palmeras enanas para elaborar sombreros, cestas y esteras; con la fibra del yute se confeccionan muñecas de trapo. Las guarnicionerías de las aldeas abastecen de arneses a la región, y los telares producen mantas y chales.

LAGOS

📍 D5   🏢 Praça Gil Eanes; (282) 763 031

Animada, colorida y alegre, Lagos es posiblemente una de las ciudades más visitadas del Algarve. En esta localidad costera, importante centro naval en el siglo XV, se hallan las primeras huellas del comercio de esclavos en Europa. En la actualidad, es conocida por las playas, los acantilados de arenisca, las tiendas y los restaurantes.

1 Praia do Camilo

A esta playa de arena dorada *(p. 106)* en forma de cuña, rodeada de una serie de formaciones rocosas de tonos ocre, se llega por una larga escalera de madera. Tiene unos riscos escarpados de color anaranjado oscuro que surgen del agua

> **CONSEJO TOP 10**
>
> Los barcos que salen de Avendia dos Descobrimentos recorren las grutas de Ponta da Pi.

formando un escudo natural contra el viento. Muchas aves marinas encuentran cobijo en este lugar.

2 Forte da Ponta da Bandeira

📍 Muelle Solaria

A través de un puente levadizo se accede a esta fortaleza del siglo XVII, construida para proteger el puerto.

3 Ponta da Piedade

Parece que algunas secciones del promontorio que se encuentra 3 km al suroeste de la ciudad vayan a desmoronarse de un momento a otro. Al pie de

los acantilados de arenisca se alzan unos elevados montículos rocosos que esconden un laberinto de cuevas y grutas. El faro es un lugar fantástico para ver la puesta de sol.

4 Igreja de Santa Maria

📍 Praça Infante Dom Henrique

Aunque la iglesia parroquial de la ciudad se remonta al siglo XVI, una gran parte de lo que puede verse pertenece a una reconstrucción del siglo XIX. Con todo, la iglesia conserva un pórtico renacentista con columnas dóricas y las

Las formaciones rocosas de Ponta da Piedade

figuras de São Pedro y São Paulo a cada lado de la arquivolta.

5 Museu Municipal Dr. José Formosinho

🏛 Rua General Alberto Silveira 🕐 10.00-13.00 y 14.00-18.00 ma-do
🌐 museu.cm-lagos.pt ♿

Este maravilloso museo expone una colección de objetos antiguos, además de algunos tesoros nacionales (p. 36). Destacan los mosaicos romanos y una colección de maquetas de barcos de pesca tallados y pintados a mano.

6 Murallas

Los cimientos de las murallas se remontan a época romana, pero fueron reforzados durante los periodos árabe y cristiano. Restauradas en el siglo XVI, la sección mejor conservada contiene la ventana manuelina desde la que se dice que Dom Sebastião,

rey de Portugal, habló a la ciudad.

7 Marina de Lagos

🌐 marinadelagos.pt

Con 474 amarres para yates de hasta 30 m de eslora, este puerto deportivo de primera clase goza de una buena reputación internacional. Distinguido con varios premios, entre ellos la bandera azul europea, es conocido por sus bares, restaurantes y cafés. Varias empresas costeras y compañías de cruceros tienen su base aquí.

8 Mercado de Escravos

🏛 Praça Infante Dom Henrique 🕐 10.00-13.00 y 14.00-18.00 ma-do ♿

La esquina del noreste de la Praça Infante Dom Henrique albergó el primer mercado de esclavos de Europa en el siglo XV y que hoy es un museo.

9 Viñedo y granja orgánica Monte da Casteleja

Además de producir estupendos vinos, también promueve los cultivos orgánicos. A 5 km al noreste del centro de la ciudad, en esta bodega (p. 75) una granja tradicional sirve como centro de catas de vinos.

10 Igreja de Santo António

🏛 Rua General Alberto da Silveira 1

Esta iglesia del siglo XVIII es una de las joyas del Algarve. Su interior impresiona por su profusión de tallas de madera. Es una muestra de todo el esplendor barroco: rollizos querubines, animales fantásticos y frutas exuberantes. Se accede por el Museu Municipal Dr. José Formosinho (p. 36).

La Igreja de Santo António, sobre la ciudad

Museu Municipal Dr. José Formosinho

1. Gabinete de Curiosidades
En este gabinete de curiosidades se conservan los restos de una cabra con ocho piernas y un embrión de gato con dos cabezas. La mayoría de las donaciones proceden de particulares y hay poca información sobre sus orígenes.

2. Maqueta del pueblo de Senhora do Forte
Es un modelo a gran escala de un pueblo costero prototípico del Algarve. Construida con una increíble precisión y detalle, es obra de Pedro Reis, un residente de Lagos que empleó en ella 5.300 horas de trabajo durante tres años y siete meses.

3. Colección etnográfica
Fascinante colección de cestería, cerámica, piezas de metal y encaje que han pasado de generación en generación.

4. Altar de Campanha
Un extraordinario altar móvil del siglo XVII era transportado por las tropas portuguesas al campo de

Piezas religiosas expuestas en el museo

batalla y se empleaba para rezar entre combate y combate. Una talla de san Antonio se alza en lo alto del altar.

5. Paixão de Cristo
En la restauración del museo, en 2021, se recuperaron estos grandes paneles de azulejos sobre la pasión de Cristo.

6. Vestiduras religiosas
El museo cuenta con varios hermosos ejemplos de vestiduras religiosas. Destaca la que portó el rey Dom Sebastião antes de su muerte.

7. Fueros de la ciudad de Lagos
Se los concedió a Lagos Manuel I en 1504. Se expone la primera página de los fueros.

8. Pinturas paisajísticas
Se exhiben pinturas paisajísticas del Algarve que fueron comisariadas por el pintor portugués João Falcão Trigoso.

9. Portal do Compromisso
El arco de entrada al museo, del siglo XV, es en sí mismo una obra de arte.

10. Igreja de Santo António
Junto al museo se encuentra esta suntuosa iglesia del siglo XVIII, cuyo interior contiene tallas doradas barrocas y azulejos, además de un techo bellamente decorado.

Interior barroco de la Igreja de Santo António

Retrato del príncipe Enrique el Navegante (1394-1460), que sentó las bases de la expansión marítima portuguesa a través de la financiación de viajes a la costa africana

HISTORIA DE LAGOS

Hace más de 2.000 años, los fenicios y los cartagineses se establecieron a lo largo del puerto natural de Lagos. Con la ocupación romana la ciudad floreció como un animado puerto comercial. Cuando se asentaron aquí, los árabes construyeron una doble hilera de murallas rodeando el centro, lo que no fue suficiente para repeler a los cristianos, que se apoderaron de la ciudad en 1241. Durante el siglo XV, las carabelas de Enrique el Navegante salían de los astilleros de Lagos hacia las lejanas tierras africanas. La ciudad enseguida se convirtió en el centro del comercio de marfil, oro, plata y demás mercancías. En Lagos se estableció el primer mercado de esclavos de Europa, con la llegada de los primeros africanos en 1444. Luego fueron vendidos a otros imperios o mandados a Brasil. Un museo *(p. 35)* recuerda el papel de Portugal en este comercio de esclavos. En 1576 Lagos se convirtió en capital del Algarve hasta 1756, cuando el honor pasó primero a Tavira y luego a Faro. Para entonces, buena parte de la región, incluida Lagos, se había sumido en la ruina tras el devastador terremoto de 1755, algo que hoy parece inimaginable.

El Mercado de Escravos *(p. 35)* es hoy un museo dedicado a la historia del comercio de esclavos en Portugal

PARQUE NATURAL DA RIA FORMOSA

📍 K6–L6 🏠 Sede y centro de interpretación: Quinta de Marim 🌐 natural.pt

El Parque Natural da Ria Formosa es uno de los humedales más importantes de Europa. Incluye una laguna que va paralela a la costa a lo largo de los 60 km que separan Manta Rota del Vale do Lobo. Comprende islotes de dunas arenosas, pantanales, salinas y lagos de agua dulce. Este hábitat alberga variedad de flora y fauna, como la cigüeña blanca y la polla de agua azul.

1 Sendero de Quinta do Lago

Este sendero, en parte sombreado, transcurre a través de dos ecosistemas diferentes: el bosque y la marisma. El camino serpentea a la sombra de los pinos.

2 Sendero de São Lourenço

Una de las formas más aconsejables de introducirse en la reserva es seguir los 3 km del sendero natural São Lourenço, que conduce y descubre a los visitantes dos tipos diferentes de humedales: las marismas salinas y los lagos de agua dulce.

CONSEJO TOP 10

Los fotógrafos que quieran captar la naturaleza al detalle necesitarán lentes de 300 mm.

3 Tanques de salazón romanos

Cerca de las lagunas de agua dulce se encuentran cinco tanques. Construidos en el siglo II, se utilizaban para salar el pescado antes de distribuirlo al resto del Imperio romano.

4 Centro de recuperación de animales

Este hospital y centro de rehabilitación para animales heridos y enfermos ofrece información sobre

Una laguna en la reserva natural

> ### COMER
> El restaurante Vista Formosa, frente a la entrada principal del parque, sirve una gran variedad de pescados frescos a la brasa.

la fauna salvaje del Algarve *(p. 41)* y los animales que tratan en este centro.

5 Molino mareomotriz

Inventados a finales del siglo XIII, fueron muy comunes en las lagunas y estuarios de la costa portuguesa. La energía se obtenía de las mareas del agua. Este, en Ria Formosa, es el último de los 30 que estuvieron en funcionamiento.

6 Dunas costeras

Las extensiones de arena que protegen la desembocadura del estuario constituyen un entorno natural frágil que, en parte, se sustenta gracias a la vegetación.

7 Lagunas de agua dulce y observatorios

Las lagunas de agua dulce ofrecen cobijo tanto a las aves que van a criar como a las migratorias. También acogen a una gran variedad de mamíferos acuáticos. La vista desde los observatorios permite contemplar la vida de este ecosistema.

8 Sendero de Olhão

La pista más larga serpentea junto al molino de madera, los restos romanos y varios observatorios de la fauna y la flora antes de regresar a la sede del parque.

9 Ecoteca Museu João Lúcio

☎ (289) 700 103

🕐 10.00-12.30 y 13.30-17.00 ma-vi

João Lúcio, poeta, abogado y alcalde de Olhão en el siglo XIX, fue el propietario de gran parte del terreno en el que ahora se encuentra el parque. Su antigua villa, cercana al río, alberga un ecomuseo.

10 Bosques de coníferas

En el este del Algarve escasean los bosques costeros de coníferas. Estas masas forestales protegen la costa, además de aportar una gran belleza al paisaje circundante.

En el sentido de las agujas del reloj **Grupo de flamencos en la laguna; interior de un molino mareomotriz restaurado; tanque de salazón romano; paseo sobre un camino de madera en el parque**

Vida salvaje en Ria Formosa

Cangrejos violinistas, un habitual de las llanuras pantanosas del parque

1. Cangrejo violinista
Los miembros de esta especie, a los que a menudo solo se ve corriendo con la marea baja, tienen una de sus pinzas mucho más desarrollada que la otra. Su población en Europa se limita a la península ibérica.

2. Chorlitejo patinegro
Esta pequeña ave zancuda, que se encuentra en gran cantidad en la costa este del Algarve, es un gran actor. Si alguien se acerca demasiado a su nido, arrastra un ala por el suelo como si hubiera sido herido para alejar a los intrusos de sus polluelos.

3. Camaleón mediterráneo
Hace falta bastante suerte para encontrarse con esta extraordinaria criatura, camuflada gracias a los distintos tonos de su piel. La mejor época para poder contemplarlo es durante las mañanas de principios de primavera, ya que es un animal que hiberna entre diciembre y marzo.

4. Tortuga europea de agua dulce
Este pequeño miembro de la familia de los quelonios tiene preferencia por lagos, estanques y aguas tranquilas. Por lo general, solo se la ve cuando se precipita hacia el agua en busca de refugio, asustada por el ruido de las pisadas, por ello se recomienda caminar con cuidado al acercarse.

5. Urraca de alas azules
Con frecuencia se escucha el graznido de pequeños grupos de estos bellos y audaces pájaros entre los pinares cercanos a Quinta do Lago. Fácilmente reconocibles por su nuca y cabeza negra, los destellos azules de las plumas de sus alas les confieren una belleza especial al volar.

6. Serpiente viperina
Esta serpiente se distingue por su franja dorsal en forma de zigzag y sus escamas de color marrón similares a las de la víbora. Si se le molesta suele erguirse, inflar el cuello y escupir, pero se trata de un comportamiento defensivo, ya que resulta totalmente inofensiva.

7. Polla de agua azul
Esta llamativa ave poco común es muy solitaria y suele esconderse en la vegetación que crece al borde de las lagunas de agua dulce. En el parque residen numerosas parejas de esta especie.

8. Flamenco rosa
Una bandada de flamencos rosas buscando comida en las salinas constituye todo un espectáculo. En otoño grandes grupos de estas elegantes aves hacen una escala en el parque antes de continuar viaje hacia su hogar de invierno. También pueden verse durante los veranos.

9. Charrancito común
Ria Formosa es el lugar de cría preferido del charrancito común en Portugal.

10. Abubilla
Este pájaro con una cresta de color salmón es el compañero de los golfistas y a menudo se dedica a buscar gusanos en el cuidado césped de los campos de golf del Algarve. Aunque suele ser un visitante de verano, algunos permanecen en la región a lo largo del invierno.

Abubilla en vuelo

COLABORAR EN LA PROTECCIÓN DEL MEDIO AMBIENTE

TOP 10
PLANTAS DEL PARQUE

1. Barrón (ayuda a sostener las dunas)

2. Cardo marítimo (en lo alto de la duna)

3. Armeria marítima (centro de la duna)

4. Azucena de mar (con flores blancas en verano)

5. Tojo (arbusto espinoso)

6. Espartina (resiste largas inmersiones)

7. Limonium (espigas de flores blancas, rosas o moradas)

8. Verdolaga rosada (hojas en forma de lanza y flores púrpura)

9. Espadaña (espigas cilíndricas)

10. Juncos (refugio ideal para la vida acuática salvaje)

Para todos aquellos visitantes que deseen ayudar a preservar Ria Formosa, el Centro de Educação Ambiental de Marim (CEAM) trabaja en la protección del entorno y promueve el desarrollo sostenible de los recursos naturales del parque. Gestiona una serie de proyectos de conservación dirigidos por voluntarios dispuestos a recibir nuevos colaboradores que se unan en su empeño. El Centro de Recuperación e Investigación de la Fauna, conocido como RIAS *(rias.pt)*, donde se cura a los animales heridos, es muy popular y tiene una lista de espera para unirse al equipo de voluntarios. Para obtener más información hay que llamar al teléfono (289) 700 210 o visitar su web *(natural.pt)*. Otras formas de ayudar es permanecer en los senderos señalizados y respetar a los animales manteniéndose a distancia. Si el visitante encuentra un animal herido, puede contactar con RIAS. Reducir el plástico y ahorrar agua también ayuda.

Plantas silvestres en floración

8

SAGRES

◆ B6 ℹ 1 km desde el puerto pesquero en Rua Comandante Matoso; (282) 624 873

Sagres, asentado sobre un promontorio aislado azotado por el Atlántico, es famoso por sus magníficas olas. Surfistas de todo el mundo llegan aquí para explorar las indómitas playas de la costa oeste; la acogedora comunidad de la zona y el ambiente relajado son otros alicientes.

1 Fortaleza de Santo António de Beliche

⬙ Al público

Asentado sobre un risco con vistas al océano Atlántico, este fuerte del siglo XVII tiene una pequeña capilla.

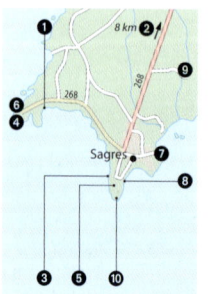

2 Museu de Vila do Bispo

⬙ Sítio das Eiras
🆆 museuvilado bispo.pt ◹

Este museo, en el pueblo de Vila do Bispo (p. 104), guarda piezas del pasado de la villa.

3 Nossa Senhora da Graça

Se dice que los cimientos de esta elegante capilla del siglo XVI, en la Fortaleza de Sagres, se deben al príncipe Enrique el Navegante.

4 Cabo de São Vicente

La visita a este imponente cabo azotado por el viento es obligada (p. 105). El historiador griego Estrabón creía que era el fin de toda la tierra habitada.

5 Fortaleza de Sagres

Amenazador, austero y en su época inexpugnable, este impresionante fuerte del siglo XVIII (p. 51) conserva las poderosas murallas frontales y dos bastiones. Fue aquí donde se cree que Enrique el Navegante estableció su escuela de navegación. La fortaleza, que sigue siendo magnífica, ofrece buenas vistas sobre los acantilados atlánticos.

Farol do Cabo de São Vicente

fortificación portuaria. Las vistas desde el promontorio son magníficas.

8 Rosa dos Ventos

 Rua da Fortaleza

Se piensa que la construcción de esta extraordinaria rosa de los vientos gigante, utilizada para medir la dirección del viento, también se debe al príncipe Enrique, aunque en realidad data del siglo XVI. Sus impresionantes 43 m de diámetro, la circunferencia que la rodea y sus radios están señalados con cantos rodados.

9 Parque Natural do Sudoeste Alentejano e Costa Vicentina

Este parque salvaje y hermoso (p. 104) abarca casi toda la escarpada línea costera del oeste

> **BEBER**
> Dromedário (Rua Comandante Matoso), uno de los bares más antiguos de Sagres, es ideal para tomar algo por la tarde.

del Algarve. Protege un complejo ecosistema por el que pasa una importante ruta migratoria de aves.

10 Ruta panorámica de la Ponta de Sagres

Este agradable paseo rodea el borde del promontorio. Junto al faro hay un enorme agujero desde el que se puede escuchar el romper de las olas contra las rocas en la profundidad.

6 Farol do Cabo de São Vicente

 Cabo de São Vicente

Los edificios que rodean este faro albergan un pequeño museo y un bar. La torre está cerrada al público, pero las fortificaciones ofrecen unas magníficas vistas de la línea costera.

7 Forte da Baleeira

 Ponta da Baleeira

Las ruinas de un muro con un arco son casi los únicos restos de esta

EL PRÍNCIPE ENRIQUE EL NAVEGANTE (1394-1460)

De este príncipe se dice que reunió a los más sabios astrónomos y astrólogos, cartógrafos y geógrafos, así como a los mejores diseñadores de barcos, para crear la escuela de navegación conocida como Vila do Infante en Sagres. Aunque no navegaba, sentó las bases de la expansión marítima y las rutas de comercio de esclavos de Portugal. Supervisó y patrocinó muchas expediciones.

Parque Natural Alentejano e Costa Vicentina

9

ALBUFEIRA

📍 G5 🏠 Rua 5 de Outubro 8; (289) 585 279

Albufeira es la ciudad turística más grande del Algarve, conocida por las playas y la animada vida nocturna. Su historia tampoco deja indiferente, desde el asentamiento romano 2.000 años atrás y las conquistas árabe (siglo VIII) y cristiana (siglo XIII), hasta su auge y caída como centro mercantil y el surgimiento de la industria pesquera.

DEPORTES ACUÁTICOS

El Atlántico proporciona al Algarve una magnífica oferta de deportes acuáticos; desde montarse en unos patines de pedales hasta acudir a un centro de buceo (*easydivers.pt*) de la Marina de Albufeira. Con Dream Wave (*p. 63*) se puede ir a avistar delfines o recorrer las cuevas cercanas. Praia da Galé, unos 8 km al oeste, es famosa por el esquí acuático, mientras que los amantes del windsurf han de dirigirse a Praia da Falésia (*p. 89*), donde además se puede practicar parapente.

1 Praia dos Pescadores

La playa de los Pescadores (*p. 89*) debe su nombre a la multitud de embarcaciones de pesca que fueron abandonadas en la arena.

2 Igreja de São Sebastião

📍 Praça Miguel Bombarda 9

El retablo mayor es la pieza maestra de esta

Altar de la Igreja de São Sebastião

espléndida iglesia. Su dorada estructura enmarca la imagen de Nossa Senhora da Orada con el Niño, del siglo XIV.

3 Murallas

Las murallas que circundaban Albufeira se derrumbaron con el terremoto del año 1755. Sobrevivió un muro situado en una esquina: la puerta Norte, en Rua Joaquim Pedro Samora. También se mantuvo en pie la puerta de Santa Ana, integrada en el interior de un restaurante.

4 Museu Municipal de Arqueología

Entre los más destacado de este museo (*p. 52*) hay unos pendientes romanos y una copa de cerámica visigoda del siglo VII.

5 Galeria Pintor Samora Barros

📍 Tv Cândido dos Reis 2

Nombrada así en honor al artista y poeta Samora Barros, cuya minuciosa obra decora la iglesia parroquial de Albufeira, esta amplia galería con vistas a la plaza Mayor expone creaciones de artistas contemporáneos portugueses e internacionales.

Bañistas en Praia da Oura

6 Praia da Oura

Esta pintoresca playa (*p. 89*) está salpicada de pequeñas calas de arena. Se extiende junto a la localidad vacacional del mismo nombre, lo que hace que siempre haya cerca tiendas y cafés.

7 Adega do Cantor

Antigua propiedad del cantante inglés *sir* Cliff Richard, este viñedo (*p. 74*) se encuentra 6 km al noroeste de Albufeira, detrás del AlgarveShopping (*p. 91*). Las visitas guiadas reservadas previa cita incluyen degustaciones que se realizan en la tienda.

8 Parque Aventura

⌂ Estrada de Santa Eulália 215 ⏲ Jun: 14.00-18.00 diario; jul y ago: 10.00-18.00 diario ⓦ parque aventura.net

Este parque cuenta con carreras de obstáculos con cuerdas en varias alturas para diversos grupos de edad a partir de los cuatro años. También hay una zona de *paintball*.

9 Marina de Albufeira

Situada 4 km al oeste del centro del pueblo, es el punto de partida de cruceros, expediciones de buceo y excursiones de pesca. También hay numerosos bares y excelentes restaurantes.

10 The Strip

Llamativa e irresistible se muestra esta estrecha calle, conocida como mini Las Vegas, que está iluminada por luces de neón y flanqueada por hoteles, restaurantes, *pubs* y cafés. Alberga dos de los mejores locales nocturnos de la ciudad: Kiss y Libertos. También se encuentra un original *artesanato* (tienda de artesanía).

🌼 COMER
Albufeira está repleta de bares y cafés, pero los más interesantes son los que se sitúan en Largo Cais Herculano. La Cabana Fresca ofrece aperitivos a base de marisco.

Una concurrida calle llena de puestos callejeros

PORTIMÃO

⚲ E4 ⓘ Largo da Lota, Edifício da Antiga lota de Portimão; (282) 402 487

Portimão, que fue el eje de la industria pesquera de la región, hoy en día es un importante centro turístico. La localidad es conocida por su casco antiguo, del siglo XVIII, con numerosas iglesias, por la cuidada ribera del río y por sus magníficas playas. Estas últimas cuentan con animados restaurantes y hoteles.

1 Museu de Portimão

Este premiado museo *(p. 52)*, ubicado en una antigua fábrica de conservas, explica la herencia prehistórica, romana e islámica de la ciudad. El museo ribereño también explora su industria de conservas de pescado y la historia de la interacción humana con el medio ambiente de la región.

Exposición de la industria local, Museu de Portimão

2 Igreja do Antigo Colégio da Companhia de Jesus

⚲ 8.00-12.30 y 15.30-17.30 lu-vi
La fachada piramidal de esta notable iglesia del siglo XVII proporciona al casco antiguo un hito arquitectónico único. El interior tiene altares barrocos y alberga la tumba de Diogo Gonçalves, el fundador de la iglesia.

3 Teatro Municipal de Portimão

⚲ Largo 1º de Dezembro ⚲ ma-sá
Este teatro de artes escénicas de primera categoría programa conciertos de música, producciones teatrales y representaciones de danza contemporánea. En la parte de arriba hay una cafetería.

4 Monumentos Megalíticos de Alcalar

Uno de los yacimientos arqueológicos más importantes de la región está a 10 km de Alcalar. El hallazgo más importante

Igreja do Antiguo Colégio da Companhia de Jesus

es una cámara funeraria megalítica de 5.000 años. La zona aledaña alberga más tumbas, que forman parte de una necrópolis.

5 Autódromo Internacional do Algarve

En este circuito, que se sitúa 20 km al norte de Portimão, se celebran competiciones y un festival de automóviles clásicos *(p. 81)*.

6 Quinta da Penina

En estos prestigiosos viñedos situados 4 km al este de Portimão se pueden reservar visitas guiadas a su bodega *(p. 91)*, seguidas de una cata. Los precios varían según el número de asistentes.

7 Praia da Rocha

Praia da Rocha lleva el nombre de su playa *(p. 89)*, una de las más impresionantes del Algarve. Los abundantes hoteles, locales nocturnos y restaurantes de este balneario atraen a residentes de Portimão y a personas de vacaciones.

> **VISTAS**
> La Fortaleza de Santa Catarina, del siglo XVII, al este de Praia da Rocha, tiene estupendas vistas.

8 Ocean Revival Park

🌐 oceanrevival.org

A 4 km de la costa hay cuatro barcos decomisados que fueron sumergidos para crear un fascinante arrecife artificial. Se puede explorar el lugar a través de los centros de buceo certificados del parque.

9 Igreja de Nossa Senhora da Conceição

Poco queda de la iglesia original, destruida en el terremoto de 1755. El pórtico sobrevivió y es un buen ejemplo de la arquitectura del siglo XV.

10 Puerto deportivo de Portimão

El puerto, en la desembocadura del río Arade, tiene 620 amarres para embarcaciones de hasta 50 m. En su paseo marítimo hay tiendas, restaurantes y bares.

HERENCIA MARÍTIMA

La historia de Portimão está ligada al río y al mar. Los romanos ya se instalaron en este lugar para controlar el canal de Arade, una importante vía de acceso entre el Mediterráneo y el Atlántico. En tiempos modernos se desarrolló una importante industria pesquera y envasadora. El paso del tiempo trajo la disminución de los bancos de pesca y las fábricas cerraron. Actualmente hay una flota de barcos de turismo que navegan por el estuario y la ciudad recibe cruceros de todo el mundo.

Puerto deportivo de Portimao

LO MEJOR DEL ALGARVE

Cerámica local en el Cabo de São Vicente

CASTILLOS Y FORTALEZAS

1 Castelo de Paderne
📍 G4 🏰 Cerro do Castelo
🎫 Al público

El mejor momento para apreciar las ruinas del castillo árabe de Paderne, abandonado hace mucho tiempo, es el domingo por la mañana o al anochecer, cuando las murallas están iluminadas. Sus muros exteriores de barro y piedra arenisca, y los restos de la barbacana son todo lo que queda de la estructura original. En su interior guarda fragmentos de la capilla de Nossa Senhora da Assunçao.

2 Castelo de Alcoutim
📍 P1 🏰 Largo do Castelo 4
🕐 Abr-sep: 9.30-19.00 diario; oct-mar: 9.30-17.30 diario 🚫

Con un maravilloso emplazamiento, Alcoutim disfruta de vistas sobre el río Guadiana y la vecina ciudad de Sanlúcar. Los habitantes de ambas ciudades eran enemigos, pero en el siglo XIV se firmó en el castillo el efímero tratado de paz entre Fernando I y Enrique II de Castilla el 31 de marzo de 1371. En la actualidad, el castillo alberga un pequeño museo arqueológico con objetos desde la Edad del Hierro.

3 Castelo de Salir
📍 J3 🏰 Rua dos Muros do Castelo 🕐 9.00-17.00 lu-vi

Los habitantes de Salir han sabido aprovechar las ruinas del castillo árabe y han cultivado unos jardines entre las murallas. El resto de la estructura puede explorarse siguiendo un circuito circular que atraviesa las fortificaciones. También hay un interesante museo *(p. 53)*.

4 Castelo de Aljezur
📍 C3

Las ruinas del castillo de la ciudad del siglo X dominan el paisaje de Aljezur. Se encuentra sobre una colina y tiene estupendas vistas a la costa y a la Serra de Monchique. Esta fortaleza árabe, a la que se accede a través de la ciudad vieja, controlaba el antiguo puerto fluvial y era un punto vital de acceso al mar abierto. Su descuidado gran patio esconde restos de una cisterna abovedada y está rodeado de altos muros reforzados con dos torres.

5 Castelo de Loulé
📍 J4 🏰 R. Dom Paio Peres Correia 17 🕐 10.00-13.30 y 14.30-18.00 ma-sá 🚫

Las almenas restauradas del norte de Loulé, un lugar ocupado por los romanos y por los árabes, ofrecen espléndidas vistas desde las murallas. Alfonso II fortaleció y extendió las murallas de lo que era una modesta fortificación, y añadió torres y un torreón para crear un castillo.

Cañón del siglo XV en la Fortaleza de Sagres

6 Fortaleza de Sagres
🅿 B6 🏠 8650-360 Sagres
🕐 9.30-17.30 diario 🔗

Esta fortaleza está embebida de historia y leyenda. Sus enormes muros y bastiones datan de 1793. Queda poco en pie de la fortaleza, de la que se sigue debatiendo si albergó una escuela de navegación y astronomía fundada por el príncipe Enrique el Navegante. Sigue habiendo una Rosa dos Ventos en el suelo *(p. 43)*, que se cree que sirvió como reloj de sol o indicador de los vientos.

7 Fortaleza de Cacela Velha
🅿 N4 🔗 Al público

Esta pequeña fortaleza se alza en la pintoresca aldea de Cacela Velha, situada en el este del Algarve, 11 km al oeste de Monte Gordo. La construcción, de estructura poligonal, data del siglo XVIII y tiene vistas a una tranquila laguna en la que abundan las aves acuáticas. Sus bajas torretas están coronadas por unos conos encalados.

8 Castelo de Tavira
🅿 Q3 🏠 Largo Abu-Otmane
🕐 8.30-17.00 diario (verano: hasta 19.00)

De esta antigua fortificación árabe solo quedan los muros que rodean un jardín. Las murallas del castillo ofrecen las mejores vistas de la ciudad. Desde aquí se ven los tejados a cuatro aguas de las casas de Rua da Liberdade.

9 Castelo de Castro Marim
🅿 P4 🏠 Travessa do Castelo
🕐 Abr-oct: 9.30-12.00 y 15.00-18.30 diario; nov-mar: 9.00-13.00 y 14.00-17.00 diario 🔗

La localidad de Castro Marim se asienta entre dos fortificaciones elevadas: el Castelo de Castro Marim y el Fort São Sebastião. El castillo vigila la frontera entre España y Portugal. Construido en el siglo XIII, fue el primer cuartel general de los caballeros de la Orden de Cristo.

10 Castelo de Silves
🅿 R4 🏠 R. do Castelo
🕐 9.00-17.00 diario (verano: hasta 20.00) 🔗

El muy bien conservado castillo de Silves, uno de los principales lugares de interés del Algarve, se remonta a los tiempos árabes, aunque fue construido sobre unas fortificaciones romanas. Sus murallas y torres rodean el enorme recinto.

La ciudad amurallada de Silves, con su imponente castillo

Momentos cotidianos en el Museu de Portimão

MUSEOS

1 Museu de Portimão

🏠 Rua D. Carlos I ⏰ Los horarios varían, consultar la página web 🌐 museudeportimao.pt 🔗

Este museo muestra el desarrollo de las comunidades locales de la región, en especial de la industria conservera de pescado, un antiguo pilar de la economía portuguesa. Emplazado en lo que antiguamente era una conservera de sardinas, el museo posee muchas máquinas usadas en la industria. Se recrean momentos de la vida cotidiana a través de figuras que representan a los obreros a tamaño real. Destacan los utensilios romanos y árabes, y la cisterna del siglo XIX.

2 Museu Municipal Dr. José Formosinho

🏠 Rua General Alberto Silveira ⏰ 10.00-13.00 y 14.00-18.00 ma-do 🌐 museu.cm-lagos.pt 🔗

Este ameno museo etnográfico reúne una fantástica colección de antigüedades, objetos curiosos y tesoros.

3 Museu Municipal de Arqueologia, Silves

🏠 Rua da Porta de Loulé ⏰ 10.00-18.00 diario 🔗

El Museo Municipal de Arqueología tiene un impresionante aljibe árabe del siglo XII. Descubierto accidentalmente en 1980, constituye la pieza más importante de la exposición, alrededor de la cual se ha construido todo el edificio. Una escalera original (cerrada al público), incorporada en la antigua estructura, desciende 15 m hasta el fondo del pozo. En el museo también se exponen objetos prehistóricos encontrados en Silves.

4 Museu Municipal de Loulé

📍 J4 🏠 7 Rua D Paio Peres Correia ⏰ 10.00-13.30 y 14.30-18.00 ma-sá 🌐 museudeloule.pt 🔗

La herencia arqueológica de Loulé se encuentra representada en exposiciones que incluyen la Edad de Piedra, la Edad del Bronce y la época romana. En el piso de arriba la historia se acerca al presente con la reconstrucción de una cocina tradicional del Algarve repleta de vajilla del siglo XIX y un *xarém* o rueda para moler maíz.

5 Núcleo Islâmico, Tavira

📍 R2 🏠 Praça da República 📞 (281) 320 570 ⏰ 9.30-13.00 y 14.00-16.30 ma-sá 🔗

El interior de este museo se construyó alrededor de una muralla islámica del siglo XII. Entre los objetos que expone hay un tintero del siglo XIII. También posee una extraña olla de cerámica con ocho asas de la misma época. El conocido como vaso de Tavira, del siglo XI, es la pieza más destacada.

6 Museu Municipal de Arqueologia, Albufeira

G5 1 Praça da República, Albufeira 9.30–17.30 mi–vi; 9.30–12.30 y 13.30–17.30 ma, sá y do

Este museo de Albufeira, que se asoma al océano, muestra una fascinante colección de piezas de la Edad de Piedra, romanas y árabes. El silo árabe del siglo X, con varias dovelas del siglo XVI, merece una visita.

7 Pólo Museológico de Salir, Salir

J3 Largo Pedro Dias, Salir 9.00–13.00 y 14.00–17.00 lu–vi museudeloule.pt

Este museo, en las ruinas del castillo árabe de Salir (p. 50), expone botellas de cerámica esmaltada y objetos del siglo XII. También posee un dírham de plata y una tablilla funeraria escrita en árabe. El suelo de cristal del museo permite ver una calle excavada y restos de viviendas de la época islámica. Hay una plataforma exterior que tiene vistas a los muros del castillo.

8 Museu do Traje, São Brás de Alportel

K4 Rua Dr José Dias Sancho 10.00–13.00 y 14.00–17.00 lu–vi, 14.00–17.00 sá y do museu-sbras.com

Esta magnífica colección, que reúne trajes típicos, muñecas de papel maché,

Gramófono en el Museu do Traje

Suelo de mosaicos blancos y negros, Cerro da Vila

carruajes ornamentados y artesanía tradicional, se dispone en una mansión del siglo XIX rodeada de jardines. Además de por sus exposiciones temporales, que ocupan las 18 salas, el museo es un popular centro comunitario.

9 Museu Cerro da Vila, Vilamoura

H5 Cerro da Vila (289) 312 153 9.30–12.30 y 14.00–18.00 lu–vi

El Cerro da Vila, en Vilamoura, engloba un museo moderno de primera categoría y un asentamiento romano. Es un ejemplo de villa del siglo II con baños subterráneos, tanques de sal y unos mosaicos blancos y negros. El museo anejo expone objetos romanos, visigodos y árabes.

10 Museu Municipal de Faro

Largo Dom Afonso III 10.00–18.00 ma–vi; 10.30–17.00 sá y do

El Museo Municipal de Faro, en los claustros del antiguo convento de Nossa Senhora da Assunção, es uno de los más bonitos del Algarve. Recorre la historia del desarrollo de Faro desde los tiempos romanos a nuestros días. Posee una amplia colección.

PLAYAS

1 Praia do Amado, Carrapateira
Azotada por las olas del Atlántico, Amado *(p. 106)* es uno de los principales destinos de Portugal para practicar surf y aquí se celebran competiciones nacionales e internacionales de este deporte. Alberga una escuela de surf de categoría internacional. Situada fuera de los itinerarios habituales, esta playa de la costa oeste también atrae al turismo familiar y las pozas de las rocas se llenan de niños durante la marea baja.

2 Praia dos Pescadores, Albufeira
Esta enorme franja de arena *(p. 89)* debe su nombre a los barcos pesqueros de alegres colores que solían estar varados aquí. A la playa que se extiende frente al casco antiguo de la ciudad se accede a través de un túnel que sale junto a la oficina de información turística.

3 Praia da Ilha de Cabanas
A la apartada playa de Cabanas *(p. 100)*, que tiene 7 km, se llega en ferri y es una de las preferidas de los aficionados al kitesurf.

4 Praia de Odeceixe
Uno de los secretos mejor guardados del Algarve, Odeceixe ocupa un emplazamiento espectacular al noroeste del Algarve. Esta protegida playa en forma de media luna *(p. 106)* se encuentra a un corto paseo en coche (por una carretera que sigue el curso del río) desde el pueblo de Odeceixe. Suele estar bastante vacía incluso durante el verano.

5 Praia da Salema, Salema
🗺 C5
Esta exclusiva franja de arena, frente al pueblo pesquero de Salema, es muy popular para ir en familia. La playa también sirve como punto de partida para acceder a unos puntos de buceo que tiene cerca, como Boca do Rio, al este, donde el pecio del *Ocean*, un barco de guerra francés del siglo XVIII, se encuentra en aguas poco profundas y ahora está lleno de peces. Hay que asegurarse de llegar temprano para encontrar aparcamiento.

6 Praia de São Rafael, Albufeira
Con sus aguas poco profundas y su suave arena blanca, Praia de São Rafael *(p. 89)* suele llenarse de gente. La bahía se encuentra enmarcada por unas formaciones rocosas horadadas por cuevas. Es perfecta para practicar esnórquel o para acudir en familia.

7 Praia do Camilo, Lagos
La playa de Camilo, que se encuentra en un entorno pintoresco, tiene una maravillosa arena dorada y aguas cristalinas. La playa *(p. 106)*, a la que se llega tras bajar una escalera de

Escaleras que conducen a Praia do Camilo, Lagos

madera de aproximadamente 200 peldaños, está flanqueada por acantilados rocosos de un intenso color ocre. Además, tiene en sus aguas afloramientos de rocas de arenisca de color rojo mostaza. En los alrededores hay una serie de calas y grutas escondidas para explorar en barco.

8 Praia da Ilha de Tavira, Tavira

La zona de barlovento de Ilha de Tavira está ocupada por una alargada franja de arena que atrae a los aficionados a los deportes acuáticos. En la zona de sotavento, frente a Tavira, una protegida playa *(p. 100)* alberga un *camping* y una hilera de cafés y marisquerías. Hay tres puntos de acceso a este banco de arena: se puede ir caminando desde Pedras d'el Rei cruzando la carretera o realizar el recorrido en un pequeño tren. También existe un servicio de ferris que parte del muelle de Quatro Águas.

9 Meia Praia, Lagos

Su gigantesca curva de arena de 4 km de largo la convierte en la mayor playa *(p. 106)* del Algarve. Cuenta con mucho espacio para practicar esquí acuático, windsurf y montar en motos acuáticas, pero también disfruta de un ambiente tranquilo. Resulta magnífica para pasear, especialmente en otoño, cuando no abundan los turistas.

10 Praia da Rocha, Portimão

Una de las más conocidas e impresionantes playas *(p. 89)* del Algarve es una enorme extensión de arena con una serie de acantilados de color canela. En verano suele llenarse de gente; un túnel situado en su extremo oeste permite el acceso a otras playas más tranquilas. Hay otros accesos por medio de escaleras, algunas muy empinadas, que parten de varios puntos de la Avenida Tómas Cabreira.

Tomando el sol en Praia da Rocha, Portimão

Un paseo por el pueblo pesquero de Alvor

PUEBLOS COSTEROS Y LUGARES DE VACACIONES

1 Alvor
◊ D4

Ubicado en una protegida bahía a medio camino entre Portimão y Lagos, Alvor es una mezcla poco habitual de elegancia y luces de neón. El casco antiguo resulta muy agradable para pasear, con una maravillosa iglesia manuelina del siglo XVI, mientras que los restaurantes sirven los mariscos más sabrosos de la región.

2 Odeceixe

La belleza de esta localidad de montaña *(p. 104)* hace que merezca la pena el largo viaje por la carretera costera occidental del Algarve. En el punto más alto del pueblo hay un viejo molino de viento que en verano abre a los visitantes. La tranquila playa de Odeceixe *(p. 106)* está protegida y es una de las más bonitas de la región.

Casas encaladas en una calle de Odeceixe

3 Vilamoura

Este complejo vacacional de lujo *(p. 86)*, urbanizado alrededor de un puerto deportivo de fama internacional, cuenta con campos de golf *(p. 64)*, un casino, hoteles de lujo y villas suntuosas. Desde su puerto parten cruceros y excursiones para ver las cuevas marinas *(p. 63)*.

4 Salema
◊ C5

Aunque la intención no sea permanecer en la localidad pesquera de Salema, merece la pena desviarse de la EN125 a través de un maravilloso barranco repleto de vegetación y cabras. El asfalto da paso a una vía adoquinada repleta de barcos pesqueros, jaulas para pescar langostas y redes de pesca. Sus empinadas calles están flanqueadas por casitas con terrazas y tabernas.

5 Ferragudo

Este pueblo de pescadores engloba un conjunto de casas de campo, cobertizos rehabilitados y casas de estructura cúbica que descienden hacia el río Arade. Praia Grande es popular para tomar el sol y practicar windsurf. Las marisquerías del muelle se encuentran entre las mejores del Algarve.

6 Benagil
☑ F5

Benagil se extiende a lo largo de un estrecho y profundo valle que se abre camino hacia una diminuta bahía. Más una aldea que un pueblo, cuenta con dos soberbias marisquerías situadas al borde del valle, con vistas al océano.

7 Monte Gordo
☑ P4

Su playa de arena y su casino (frecuentado por andaluces) son los dos principales destinos de la mayoría de los visitantes de este lugar. Se trata del complejo vacacional de playa más cercano a la frontera española. La explanada cuenta con altas palmeras y edificios aún más altos, con fabulosas vistas del océano. Una pasarela elevada discurre paralela a la playa y es ideal para ver el atardecer.

8 Santa Luzia

Una antigua leyenda cuenta que Santa Luzia (p. 99) debe su nombre al rescate de una imagen de la Virgen en el naufragio de una nave italiana. En la actualidad Santa Luzia es conocida sobre todo por sus *alcatruzes* u ollas de pulpo, ya que es la capital del pulpo del Algarve. En la playa pueden contemplarse cientos de ollas de cerámica, todas numeradas, atadas y apiladas ordenadamente esperando la próxima salida al mar; últimamente muchas se han reemplazado por alternativas en plástico.

Casas de colores en la playa de Carvoeiro

9 Carvoeiro
☑ E5

Este pueblo es el lugar ideal para viajar en familia. Constituye una de las principales zonas de viviendas independientes del Algarve y las montañas que rodean su playa están salpicadas de apartamentos. Al otro lado del promontorio se extiende el paraje de la formación rocosa de Algar Seco, idónea para practicar esnórquel.

10 Armação de Pêra
☑ F5

Su playa (p. 89) es una de las más largas del Algarve; se extiende frente a un núcleo comercial de torres de apartamentos, hoteles e hileras de cafés y bares. Más popular es el animado casco viejo de Pêra, que se sitúa alrededor de una antigua fortaleza hacia el este.

PUEBLOS DEL INTERIOR

1 Salir

Desde el castillo árabe (*p. 50*) hay vistas panorámicas de Salir (*p. 86*), desde la iglesia parroquial y el jardín se divisa el valle. En los meses de verano este idílico lugar se cubre con el blanco de sus narcisos y el gorjeo de los gorriones. Por la noche, las murallas del castillo se impregnan de un halo de misterio.

2 Caldas de Monchique

El cálido balneario atrae a los visitantes desde los tiempos del Imperio romano (*p. 31*). Sigue siendo un reclamo, pero cuenta con otros motivos para visitarla, como los bosques de pinos y eucaliptos que atenúan el calor del verano. El gorjeo de los pájaros y la neblina recorren el valle salpicado de casas de campo encaladas y pequeñas propiedades.

3 Barão de São João

⑦ C4

Escondida en la montaña y perdida en el tiempo, Barão de São João es la típica población rural del Algarve. El mejor momento para disfrutarla tal vez sea durante su feria de antigüedades, que se celebra el cuarto domingo del mes. Se vende joyería artesanal, pinturas, libros de segunda mano y comida casera vegana. Cuenta también con una pequeña rampa para que los niños patinen.

4 Querença

La localidad (*p. 88*), rodeada por las escarpadas montañas de Caldeirão, está relativamente aislada, lo que es parte de su encanto. Pero es más conocida por su iglesia del siglo XVI y su antigua cruz en el sureste de la plaza.

5 Paderne

A principios del siglo XVII toda la población de Paderne (*p. 88*) se trasladó desde las inmediaciones del cercano castillo a los alrededores de una iglesia que había sido consagrada recientemente. Hoy este pueblo es un lugar tranquilo y sin pretensiones que conserva el encanto de otros tiempos. La arquitectura guarda cierto aire de grandeza. El viejo castillo árabe permanece en pie en las cercanías.

6 Alcoutim

Un castillo del siglo XIV (*p. 50*) extiende su sombra sobre el pueblo de Alcoutim (*p. 97*), desde donde continúa vigilando a su antiguo adversario, Sanlúcar, la localidad española que se extiende al otro lado del río Guadiana. Conectados por un pequeño ferri, los dos pueblos de diferentes países también están unidos por la única tirolina transfronteriza del mundo (*p. 61*).

La fachada rococó del Palácio do Visconde de Estói

7 Estói

A la salida de la plaza Mayor del pueblo *(p. 99)* se encuentra el Palácio do Visconde de Estói, una construcción rococó del siglo XIX rodeada de esplendidos jardines con fuentes y palmeras gigantes, convertida en *pousada*. En un paseo de 20 minutos desde aquí se llega hasta Milreu *(p. 24)*, las ruinas de una gran casa romana. El lugar está dominado por el ábside de un templo que fue convertido en basílica cristiana en el siglo V. También destacan los baños con mosaicos de peces.

8 Guerreiros do Rio
P2

Parte de la ruta panorámica que se dirige al sur desde Alcoutim discurre paralela a la ribera del río Guadiana y atraviesa un paisaje cubierto de olivos, higueras y algarrobos antes de alcanzar esta aldea. Entre los naranjos hay una antigua escuela que alberga un museo sobre la historia del río Guadiana.

9 Martim Longo
L1

El apacible pueblo de Martim Longo está cerca de la frontera con el Alentejo. Su principal reclamo es una iglesia, que originalmente fue una mezquita y, después, se convirtió en un lugar de culto católico. El grupo de cigüeñas que anida en lo alto de la espadaña lleva allí años y se suma al encanto de su inusual hogar.

10 Alte

Situado en lo alto de una colina, Alte es uno de los pueblos más bellos del Algarve. Las calles adoquinadas, las ventanas enmarcadas de colores y los curiosos cañones de chimenea contribuyen a su encanto. El centro se ubica en la iglesia de Nossa Senhora da Assunção, junto a una arbolada plaza. Cuenta con un pórtico manuelino y fuentes bautismales. El arroyo que corre hacia un viejo molino ofrece el entorno ideal para una comida en el campo.

Una sinuosa calle adoquinada de Alte

ACTIVIDADES AL AIRE LIBRE

Surfeando las olas
del Atlántico

1 Surfear
Las olas del Atlántico en el Algarve son perfectas para surfear y practicar bodyboarding *(p. 107)*. La Algarve Surf School *(algarvesurfschool.com)* es una escuela de la zona.

2 Montar a caballo
El Algarve cuenta con una rica tradición ecuestre. El noroeste de Lagos y Silves son ideales para montar a caballo. Pinetrees Riding Centre *(pinetrees.pt)*, en Corga da Zorra, ofrece rutas a caballo por el Parque Natural da Ria Formosa.

3 Kayak
Alvor y Ria Formosa son perfectos para recorrer en kayak. Es posible descubrir las cuevas de Ponta da Piedade *(p. 34)* con Kayak Explorers *(lagoskayakexplores.com)* *(p. 107)*.

4 Avistamiento de aves
La península de Sagres, la Serra de Monchique y el estuario de Ria Formosa son el hábitat de muchas aves. La web de la Sociedad para el Estudio de las Aves (SPEA) informa sobre el avistamiento de aves *(spea.pt)*.

5 Kitesurf
En Kite Surf Eolis *(kitesurfeolis.com)* se pueden recibir clases de kitesurf. Las condiciones de viento de las playas de Tavira *(p. 26)* son buenas para el kitesurf. Las lagunas alrededor de Alvor *(p. 56)* son para los más experimentados.

6 Ciclismo y ciclismo de montaña
Una manera de explorar el Algarve es en bicicleta. Algarve Cycling

Kayaks en Ponta da Piedade, Lagos

Ciclista admirando las vistas desde el Cabo de São Vicente

(algarvecycling.com) organiza visitas guiadas o autoguiadas, y hay empresas de bicicleta de montaña que ofrecen rutas campo a través.

7 Pesca mayor
Las cálidas aguas del Algarve atraen a peces espada y tiburones entre junio y septiembre *(p. 107)*. Algunos operadores como Blue Shark *(blueshark.pt)* llevan a cabo la política de etiquetar y liberar.

8 Tirolina
Limitezero *(limitezero.com)* es la primera tirolina que cruza una frontera. Une los pueblos de Alcoutim *(p. 97)* y Sanlúcar de Barrameda, y tiene una longitud de 720 m.

9 Buceo
En la costa suroeste *(p. 107)* hay fantásticos lugares de buceo. El Ocean Revival Park *(p. 47)* es un arrecife artificial con cuatro barcos de guerra decomisados.

10 Antigua ruta arqueológica
La PR4 VBP es una ruta señalizada que parte de la iglesia de Nossa Senhora da Encarnação en Raposeira y pasa por menhires de 5.000 años de antigüedad, junto a Vila do Bispo *(p. 104)*

TOP 10
ESCUELAS DE SURF

1. Extreme Algarve
W extremealgarve.com
Una escuela con mucho prestigio que ofrece cursos intensivos y de actualización rápida.

2. Algarve Surf School
W algarvesurfschool.com
Esta escuela de Sagres, toda una institución desde 1996, atiende todos los niveles.

3. Jah Shaka Surf Shop
W jahshakasurf.com
Para alquilar tabla para un día o probar con el kitesurf o el paddlesurf en un ambiente amigable.

4. Albufeira Surf & SUP
W albufeirasurfsup.com
Para aprender a hacer surf, paddlesurf, escalada o explorar la costa en piragua.

5. Future Eco Surf School
W future-ecosurf.com
Una escuela situada en una de las playas más hermosas del Algarve, la espectacular Praia da Rocha en Portimão.

6. SW Surf Shop
W swsurfshop.com
Se aprende con los habitantes de la aldea pesquera de Aljezur.

7. Arrifana Surf School & Camp
W arrifanasurfschool.com
Situada en la playa de Arrifana, promete un surf magnífico.

8. Wavy Surf Camp
W wavysurfcamp.com
Un campamento de lujo en Sagres para vivir una increíble experiencia.

9. Fil Surf School
W filsurf.com
Lleva y trae a los alumnos de todas las edades a varias playas de la zona.

10. Wavesensations Sagres
W wavesensations.com
Imparte clases de surf para adultos y niños a partir de 6 años.

Algarve Surf School

El *Bom Dia* saliendo del puerto de Lagos

CRUCEROS POR LA COSTA Y EL RÍO

1 *Bom Dia*
📍 D5 🏠 Marina de Lagos 10
🕐 med mar-nov 🌐 bomdia
boattrips.com

La colorida goleta *Bom Dia* navega desde el puerto de Lagos hacia las grutas de Ponta da Piedade *(p. 34)*, donde unos botes permiten acercarse a esta maravilla natural.

2 Barco pirata *Santa Bernarda*
📍 E4 🏠 Rua Júdice Fialho 4,
Portimão 🕐 Feb-nov: diario
🌐 santa-bernarda

Descubrir calas y cuevas antes de disfrutar de una barbacoa en la playa es lo que ofrecen las magníficas rutas temáticas y las expediciones a bordo de este barco pirata.

3 Champagne Cruises Vilamoura
📍 H5 🏠 Marina de Vilamoura 🕐 Los horarios varían según la temporada
🌐 boatcharteralgarve.com

A bordo del lujoso *São Lourenço* se puede disfrutar de una copa de champán. El crucero ofrece una experiencia única que incluye nadar con delfines en aguas color turquesa o cenar durante la puesta de sol.

4 Río Arade
📍 E4 🏠 Esplanade, Portimão
🕐 Los horarios varían según la temporada 🌐 alvorboattrips.com

Este antiguo canal permite pasar una interesante jornada de viaje de Alvor *(p. 56)* a Silves *(p. 28)*, donde se puede desembarcar para ver la ciudad durante dos horas antes de volver.

Excursiones en barco por el río Arade, en Silves

5 Dream Wave

📍 G5 🏠 Lote 5, Loja 31, Marina de Albufeira 🕐 Los horarios varían según la temporada 🌐 dreamwavealgarve.com

Dream Wave dispone de variedad de opciones de crucero, desde el rápido *jet-boat* hasta el avistamiento de delfines.

6 Condor de Vilamoura

📍 H5 🏠 Cais I 25, Marina de Vilamoura 🕐 Med mar-oct 🌐 condorvilamoura.com

Ofrece la posibilidad de elegir entre una travesía por las grutas costeras de Albufeira o un crucero con barbacoa en la zona de Benagil.

7 Crucero a Ilha Deserta

📍 K6 🏠 Porta Nova, Faro 🕐 Los horarios varían según la temporada 🌐 ilhadeserta.com

Una expedición marítima a través del Parque Natural da Ria Formosa permite explorar la diversidad de estos humedales. La comida tiene lugar en el O Estaminé.

8 Seafaris

📍 D5 🏠 Puesto de Seafaris, Marina de Lagos 🕐 Los horarios varían según la temporada 🌐 seafaris.pt

El barco de la compañía Seafaris sale del puerto en busca de delfines. Cuando los avista, reduce la velocidad para poder contemplarlos.

9 Ria Formosa

📍 K6 🏠 Marina de Faro 🕐 Los horarios varían según la temporada 🌐 formosamar.com

En un barco de pesca se puede navegar en multitud de canales y lagunas del Parque Natural da Ria Formosa, observando aves y mamíferos marinos *(p. 38)*.

10 Rio Sul Guadiana

📍 P4 🏠 Rua Tristão Vaz Teixeira 15, Monte Gordo 🕐 mi, vi y do 🌐 riosultravel.com

Una travesía por el Guadiana, que pasa por la Reserva Natural do Sapal. Tras comer en Foz de Odeleite, el viaje de vuelta se hace con música y vino.

TOP 10 AVES DE LA COSTA Y LAS MARISMAS

Cigüeñuela común

1. Cigüeñuela común
Se puede decir que es la más simbólica de las zancudas que residen en el Algarve; entre sus hábitats están los humedales que hay junto a Faro.

2. Canastera común
Esta ave zancuda, de los humedales de la costa, presente en las marismas de Castro Marim, migra en verano.

3. Gaviota de Audouin
Aunque está presente todo el año, su número aumenta en invierno.

4. Espátulas
Es un ave zancuda de patas largas que se ve todo el año en las lagunas de la costa, pero son especialmente abundantes en invierno.

5. Pagaza piquirroja
El estuario del Alvor y las marismas de Castro Marim son su hábitat de invierno preferido.

6. Chorlitejo patinegro
Ave de costa omnipresente durante todo el año fácil de observar en Ria Formosa y el estuario del Alvor.

7. Elanio común
El mejor momento para divisar a esta rapaz es en invierno. Uno de sus hábitats son los cañaverales de Vilamoura.

8. Golondrina dáurica
Esta especie anida en verano en las riberas del Arade y el Guadiana.

9. Morito común
Su cuerpo marrón rojizo y sus alas verde botella dan su nombre (ibis brillante) a esta zancuda de invierno.

10. Flamenco común
Habitual de las zonas de Castro Marim y Ria Formosa, especialmente en invierno.

CAMPOS DE GOLF

1 Campo y Academia de Penina

📍 E4 🏨 Penina Hotel & Golf Resort, Penina, cerca de Portimão 🌐 penina.com

Un campo de nueve hoyos que se extiende entre calles de competición. El bajo nivel de dificultad relaja incluso a los jugadores más nerviosos. La academia de golf ofrece instrucción individual y a grupos.

2 Quinta do Lago Sul

Este campo de competición par 72 *(p. 90)*, que se extiende dentro de la propiedad homónima, ha acogido el Open de Portugal en varias ocasiones y es uno de los campos emblemáticos del circuito europeo. El ondulado terreno

Golfista en acción en el campo de Quinta do Lago Sul

favorece a los jugadores de golpe largo, pero la disposición estratégica de la arena, los complicados obstáculos de agua y los extensos *greens* con curva de nivel ofrecen desafíos para todos. A pesar de ser un campo de competición, aceptan golfistas de todos los niveles, y tiene dos casas clubes es muy bien equipadas.

3 San Lorenzo

Es uno de los cinco mejores campos de golf de Europa. Se trata de un recorrido de 72 hoyos bajo par que culmina en el *green* del hoyo 18 al que se debe acceder cruzando un lago. Parte del Dona Filipa & San Lorenzo Golf Resort, el campo *(p. 90)* se encuentra abierto al público, pero los clientes del hotel tienen prioridad. El restaurante del club tiene una magnífica terraza con vistas a los *greens*.

4 Pine Cliffs

Este campo de nueve hoyos *(p. 90)* se halla sobre un acantilado con el mar como telón de fondo. Bajo sus fantásticos pinos hay estrechas calles que exigen un *swing* continuo. Para el último hoyo es necesario un golpe desde la salida en lo alto del acantilado que debe salvar un profundo barranco para llegar al *green*.

5 Victoria

📍 H5 🏨 Anantara Vilamoura Algarve Resort 🌐 anantara.com/es/vilamoura-algarve

Diseñado por la leyenda del golf Arnold Palmer, este ondulado par 72 de 18 hoyos es uno de los mejores y más sofisticados campos de golf de Europa. Cuenta con calles anchas y considerables obstáculos de agua.

6 Gramacho Course, Pestana Carvoeiro

📍 E5 🏠 Pestana Golf & Resort, Carvoeiro 🌐 pestanagolf.com

Gramacho añadió otro recorrido de nueve hoyos a los nueve dobles originales. Esta combinación permite variedad de opciones de longitud y ubicación de hoyos que se adaptan a jugadores de todo tipo.

7 Balaia

Muy popular, este campo (p. 90) está recomendado para los golfistas de recreo que prefieran un juego relajado. No obstante, requiere concentración, ya que los hoyos varían en longitud más de lo que cabría esperar en un campo de nueve hoyos.

8 Royal Course, Vale do Lobo

Un terreno con pinos rodea este campo de 72 hoyos bajo par (p. 90). Su mayor reclamo es el hoyo 16, en el que se necesita un *swing* potente y preciso para salvar una serie de acantilados antes de llegar al *green*. El más desafiante es el 9,

con un *green* en forma de isla. La bonita ubicación del circuito hace que se haya convertido en un lugar de referencia para el golf en la región.

9 Quinta da Ria

📍 N4 🏠 Quinta da Ria, cerca de Vila Nova de Cacela 🌐 quintadaria.com

Junto al Parque Natural da Ria Formosa (p. 38), este campo de 18 hoyos par 72 es uno de los mejores de la región y tiene vistas del océano. Los cinco lagos fueron construidos para proporcionar obstáculos naturales y para beneficiar a la flora y a la fauna. Los algarrobos, los olivos y los almendros dan cobijo a numerosas especies.

10 Monte Rei

📍 N4 🏠 Monte Rei Golf & Country Club, Sesmarias 🌐 monte-rei.com

El golfista Jack Nicklaus diseñó este campo de competición par 72, que forma parte de un club de campo de lujo (p. 131) situado detrás de Vila Nova de Cacela. El campo es conocido por sus búnkeres con formas ingeniosas y los obstáculos acuáticos. Tiene una lujosa casa club y una academia de golf.

Vista del campo de golf Royal Course, Vale do Lobo

EL ALGARVE EN FAMILIA

Diversión en el parque acuático Slide & Splash, cerca de Estômbar

1 Playas para familias

La región cuenta con estupendas playas, muchas de las cuales son ideales para los más pequeños. Praia de Odeceixe (*p. 106*) se ubica entre el río y el mar y tiene aguas tranquilas, mientras que Praia de Armação de Pêra (*p. 89*) y Praia da Rocha (*p. 89*) cuentan con arenales perfectos para jugar. Los niños disfrutarán también en Praia da Ilha de Tavira (*p. 100*), una playa a la que se llega en un trenecito en verano.

2 Campos de minigolf

Otra popular actividad del Algarve es el minigolf, que se puede practicar en algunos de los campos de golf más conocidos, como Quinta do Lago (*p. 90*) y Vale do Lobo (*p. 90*). Entre los campos de minigolf vale la pena probar Golfland (*golfland.pt*), Adventure Mini Golf Park (*albufeira minigolf.com*) o Family Golf Park (*familygolfpark.pt*).

3 Parques acuáticos

En los parques acuáticos hay opciones para todos los gustos, desde el tobogán Torpedo de Slide & Splash (*slidesplash.com*) hasta el relajante Lazy River de Aquashow para dejarse llevar (*aquashowpark.com*). Entre las atracciones más atrevidas está el King Cobra de Aqualand (*aqualand.pt*).

4 Senderos fáciles

El Algarve dispone de infinidad de rutas para recorrer a pie, ya sea por la costa o por sus bosques. Entre los recorridos más fáciles está el paseo de 30 minutos de Praia do Camilo (*p. 106*) a las formaciones rocosas de Ponta da Piedade (*p. 34*). También vale la pena la pasarela de los Passadiços de Alvor, no lejos de Portimão (*p. 46*), que va por las dunas hasta Ria de Alvor. Más resguardado del sol, el sendero PR16 LLE (norte de Loulé) discurre entre árboles y junto a un arroyo, con sitios para hacer un pícnic a lo largo de todo el recorrido.

5 Parques de aventura

Para los amantes de las pistas de karts el Karting de Almancil (*kartingalgarve.com*) es perfecto y ofrece también karts de dos plazas para un adulto y un niño. Para circuitos en la naturaleza, vale la pena visitar el Parque Aventura (*parqueaventura.net*) en Lagos, con recorridos de distinta dificultad entre los pinos.

6 Avistamiento de fauna

Hay muchas opciones para avistar animales en libertad, tanto en tierra como en el mar. Las excursiones desde Albufeira, Faro o Lagos son ideales para avistar delfines y ballenas. En el Parque Natural da Ria Formosa *(p. 38)* se pueden ver flamencos, cangrejos entre sus patas y a veces camaleones.

7 Museos interactivos

Cuando llueve, una buena idea es refugiarse en algún museo. Los niños pueden disfrutar con las exposiciones táctiles y los experimentos de los centros de ciencias como el Centro Ciência Viva de Lagos, Tavira y Faro *(www.cienciaviva.pt);* estos divertidos museos abarcan desde las energías renovables a la navegación. El fascinante Museu de Portimão *(p. 52)* da a los visitantes la oportunidad de ver de cerca una fábrica de conservas.

8 Castillos

Los castillos *(p. 50)* del Algarve son un paraíso para la imaginación. Los más pequeños pueden disfrutar en las almenas de arenisca de Silves, ver el océano desde el Castelo de Tavira o correr por la Fortaleza de Sagres, una imponente fortificación en tiempos tomada por los piratas.

9 Aventuras costeras

Merece la pena ver la escarpada costa del Algarve desde el agua. Pueden visitarse las calas que hay a lo largo de la costa de Lagoa y Carvoeiro en un pequeño catamarán o en el barco pirata *Santa Bernarda (p. 62).* Si se quieren ver de cerca las formaciones rocosas, es recomendable una excursión en kayak o paddlesurf *(p. 107).*

10 Festivales de primera

En esta región hay festivales para toda la familia, desde la Feira Medieval de Silves *(p. 80)* hasta el desfile de coches clásicos del Algarve Classic Festival en el Autódromo do Algarve *(p. 81)* o el Mercado de Culturas à Luz das Velas en la localidad de Lagoa *(p. 80).*

TOP 10
CONSEJOS PARA VIAJAR AL ALGARVE CON NIÑOS

1. Esencial
Llevar algo de comer y agua para no deshidratarse.

2. Acudir a playas con socorrista
Conviene elegir playas vigiladas *(praias vigiadas)*, aunque hay que tener en cuenta que los socorristas suelen limitarse a los meses de verano (med may-sep).

3. Elegir un hotel
Los hoteles grandes cuentan con variedad de actividades de entretenimiento para los niños.

4. Reservar con tiempo
Los mejores alojamientos suelen llenarse pronto, por lo que conviene reservar con tiempo.

5. Alquilar un coche
Hay mucho que ver en la zona, y las carreteras son buenas.

6. Optar por el menú infantil
La mayoría de los restaurantes tienen *menu infantil* o *menu de crianças*. También se pueden pedir medias raciones *(meia-dose)*.

7. Buscar los parques
Hay carteles de *parque infantil* para encontrar el más cercano.

8. Evitar el calor
Conviene hacer turismo por la mañana para evitar las horas centrales del día.

9. Extremar las precauciones
Hay que evitar poner la toalla bajo una zona de rocas o caminar demasiado cerca de los acantilados.

10. Aprovechar los descuentos
Los niños de 4 a 12 años tienen un 50 % de descuento en los trenes (gratuitos para menores de 4 años) y descuentos en algunos lugares.

Un mercado de comida en el Algarve

PASEOS Y RECORRIDOS

En la ruta al monte Fóia

3 Senda de Rocha da Pena
📍 H3 🏛 Circuito de Rocha da Pena

En las montañas del norte de Albufeira, la ruta circular PR18 LLE, de 6,7 km, parte desde Rocha da Pena y sigue un paisaje rocoso rodeado de flora diversa hasta llegar a los 500 m de altitud sobre el nivel del mar. Si se emprende un día de calor, hay que acordarse de llevar mucha agua.

4 Ruta de Don Quijote
📍 L2 🏛 Casas Baixas

En el remoto este del Algarve, la circular PR1 TVR arranca en el Centro de Descoberta del pueblo de Casas Baixas y sus 17 km recorren bosques de alcornoques y pinos, arroyos en zonas llanas y montañas. Se ve mucha fauna por el camino. La ruta toma su nombre por los molinos que se ven por el camino.

1 Ruta de Fóia
📍 D3 🏛 Fóia

El sendero montañoso PR3 MCQ, de 7 km, atraviesa los bosques de eucaliptos de Serra de Monchique y lleva hasta el interior del Algarve. Como se eleva casi 900 m sobre el nivel del mar se ven muchas variedades de plantas y ofrece vistas de la costa. Está bien señalizada.

2 Via Algarviana
📍 P1–B5 🏛 De Alcoutim a Cabo de São Vicente
🌐 viaalgarviana.org

La GR13, la mayor ruta de senderismo del Algarve, atraviesa la región desde Alcoutim hasta el extremo occidental de Portugal. Esta ruta de 300 km requiere unos 10 días para recorrerla y en su mayoría discurre entre montañas y bosques antes de llegar a la costa.

5 Ruta de Ladeiras do Pontal
📍 P2 🏛 Miradouro do Pontal

Esta ruta circular señalizada como PR2 discurre por caminos de tierra y rocas entre montañas y valles hasta el Guadiana, frontera entre Portugal y España, que se divisa desde varios miradores del camino. Sus 13,5 km pueden ser áridos y con poca sombra, conque lo mejor es abordarla cuando no sea pleno verano.

6 Ruta de Ilha da Culatra
📍 L6 🏛 Embarcadero del ferri, Culatra

Culatra, una isla frente a la costa meridional, está a un corto paseo en ferri desde Olhão. Esta ruta fácil de solo 6 km, identificada como PR1 FAR, discurre por pasarelas de madera, playas de arena y dunas.

Una forma perfecta de explorar la belleza de la isla, sobre todo si se busca avistar aves y vida marina.

7 Serra do Caldeirão
L4 Parises

Las montañas y colinas del norte de Faro son magníficas para caminar y muy accesibles desde la costa. La ruta PR2 SBA, de 20 km y con forma de 8, atraviesa arroyos montañosos, tramos rocosos y diversos tipos de bosque, además de pasar por un par de aldeas aisladas. Hace falta todo un día para recorrerla, de modo que conviene llevar comida y agua suficientes.

8 Conexión Albufeira-Alte
G5-G4 Oficina de Turismo de Albufeira a Ribeira de Alte

Un empinado camino de 29 km cuesta arriba que conecta con la Via Algarviana y pasa por el Barrocal, la región situada entre la costa y las montañas del interior. Se ven muchas formaciones rocosas irregulares conocidas como *barrocos*. Hay sitios para parar a comer. Conviene comenzar pronto, puesto que lleva todo el día; la mejor época para hacer esta ruta es la primavera.

9 Circuito de Odeceixe
C1 Circuito de Praia de Odeceixe

La ruta PR10 AJZ es un recorrido fácil de 15 km que empieza en Odeceixe y sigue el curso del río Seixe hasta el

Caminantes en el circuito de Odeceixe

Atlántico, donde Praia de Odeceixe es el lugar ideal para relajarse. Desde aquí, la ruta discurre hacia el sur entre acantilados antes de adentrarse en tierra y pasar por tierras de cultivo de regreso a Odeceixe.

10 Ruta de los Siete Valles Colgantes
E5 Inicio: Praia da Marinha

El recorrido circular PR1 LGA atraviesa valles profundos horadados por ríos y está cerca de Lagoa. Recorre siete valles, todos los cuales ofrecen vistas a lo largo de los 12 km de ruta. Hay varias playas perfectas para bañarse o hacer un pícnic. Termina en Praia do Vale de Centeanes.

La localidad costera de Carvoeiro, cerca de la Ruta de los Siete Valles Colgantes

COMIDA LOCAL

Doces de amêndoa, hechos a base de almendra

1 Doces de amêndoa
Las almendras (cuyo uso en la gastronomía popularizaron los árabes) se emplean para hacer estas pequeñas delicias que pueden tomar la forma de peces, frutas, pájaros, caras sonrientes e incluso cestas de frutas.

2 Amêijoas na cataplana
Si existe un plato que representa la riqueza marítima del Algarve, es este. Los berberechos frescos se preparan en una *cataplana,* una sartén profunda de cobre, y se cuecen acompañados de *presunto* (jamón), *chouriço* (chorizo), tomate, limón, aceite de oliva, cilantro y ajo. Se disfruta mejor con un vino blanco frío.

3 Frango assado com piri-piri
Este plato es tan habitual de la cocina portuguesa que algunos restaurantes del Algarve apenas sirven otra cosa. Consiste en unas generosas raciones de jugoso pollo con crujientes patatas fritas y ensalada de pimientos verdes. La carne viene con una salsa de chiles rojos casera opcional.

4 Arroz de polvo
Otra especialidad regional que evidencia la unión del Algarve con el mar. Unos tiernos trozos de pulpo a los que se añade un aliño de cebolla y perejil frito para luego cocerse suavemente con vinagre de vino y una pizca de picante en polvo. Por último se le añade el arroz con sal y pimienta. Esta receta se suele acompañar de un plato con aceitunas negras y gruesas rebanadas de pan crujiente.

5 Sardinhas assadas
La humilde y omnipresente sardina es sin duda el plato más popular de esta región de Portugal. Siempre estupendas, resultan deliciosas asadas al carbón vegetal. También pueden servirse acompañadas de patatas hervidas y ensalada.

6 Cabrito assado
Este plato es una de las maravillas gastronómicas de las zonas rurales del Algarve. La carne se frota con un trozo de panceta para mantenerla jugosa, se acompaña con beicon partido muy fino y se rocía con vino blanco. Decorado con dientes de ajo y espolvoreado con pimentón, se asa lentamente hasta conseguir una carne dorada y crujiente.

7 Gaspacho do Algarve
El gazpacho portugués no suele triturarse. Servido muy frío, esta

deliciosa mezcla de tomate, ajo, pepino, orégano y pimientos acompañados por tropezones de pan resulta un fresco alivio en un día caluroso.

8 *Bifes de atum*

El atún constituía el sustento del que dependían comunidades enteras. Aunque ahora ya no se pesque tanto, continúa siendo el pescado favorito de miles de restaurantes a lo largo de la costa. El *atum de cebolada* es una sabrosa mezcla de mantequilla fundida y salsa de tomate con cebolla, ajo y perejil, servida sobre un filete de atún acompañado de rodajas de limón.

9 *Morgado de figo*

Los higos fueron traídos por los árabes y pronto se convirtieron en un importante ingrediente de la cocina del Algarve. Los pasteles de higos son unas deliciosas creaciones basadas en pastas de higos y almendras.

10 *Porco à alentejana*

Aunque originaria de las amplias llanuras del Alentejo, esta inusitada unión de cerdo y almejas también se puede degustar en el Algarve. Los ingredientes se cuecen en una especiada salsa cocinada a base de vino blanco, ajo fresco y pimentón.

Porco à alentejana, **carne de cerdo con almejas**

TOP 10
VINOS, LICORES Y BEBIDAS ESPIRITUOSAS

Botellas de *medronho* casero

1. *Medronho*
Este conocido *aguardente* se produce en todo el Algarve, pero el mejor es el Monchique Moonshine, destilado por vecinos en sus casas.

2. Monte da Casteleja
Una marca clásica *(p. 75)* del vinicultor local Guillaume Leroux. Tinto, blanco y rosado son ecológicos y maridan perfectamente con platos del Algarve.

3. Quê
Rosado espumoso hecho en Barranco Longo con *touriga* nacional.

4. Vida Nova
Tinto de intenso color rojo con toques afrutados. Se produce en Adega do Cantor *(p. 74)*.

5. Amarguinha
Un licor de almendra amarga del Algarve, ideal como aperitivo o digestivo.

6. Barranco Longo
Tinto de reserva producido con *touriga* nacional y uvas *syrah*.

7. Aperitivo Algarseco
Un infravalorado vino blanco seco del Algarve similar al amontillado.

8. Licor de Tangerina
Un licor maravillosamente oloroso con aroma cítrico.

9. Brandymel
Una potente mezcla de brandy y miel, especialmente recomendado en el invierno.

10. Odelouca River Valley
Rotundo, elegante y equilibrado vino tinto elaborado por la bodega Quinta do Francês *(p. 75)*.

BODEGAS

1 Quinta de Mata Mouros

📍 F4 🏠 Silves ⏰ Solo con visita guiada 🌐 conventodoparaiso.com ▣

Esta bodega situada en las montañas más allá de Silves lleva cultivando un viñedo inmenso desde 2000. El Euphoria tinto, blanco y rosado se ha granjeado muchos seguidores en las últimas dos décadas.

2 Quinta do Barradas

📍 F4 🏠 Sítio da Venda Nova, cerca de Silves ⏰ 15.00-18.00 ju-ma 🌐 obarradas.com ▣

Este viñedo, cultivado por el mismo equipo que dirige el restaurante O Barradas (p. 93), ofrece vinos afrutados y exuberantes, especialmente el Quinta do Barradas Selecção. Las visitas incluyen la bodega y una vinoteca. Los vinos de esta propiedad se conservan en la bodega del restaurante. Para catas, hay que reservar.

3 Quinta Rosa

📍 F4 🏠 Pinheiro e Garrado, cerca de Silves ⏰ Solo con visita guiada 📅 Ago 🌐 quintadelarosa.com ▣

En este viñedo gestionado por holandeses se produce la selecta etiqueta Uit de Kelders Van Jaap. La propiedad, donde se usan técnicas de agricultura orgánica, produjo su primera vendimia en 2011, y ofrece visitas, catas y anécdotas divertidas.

4 Quinta da Penina

En una vasta finca familiar al norte de Alvor (p. 56) y propiedad del experto agrónomo João Mariano, la Quinta da Penina (p. 91) es un baluarte de las muchas bodegas consolidadas del Algarve. En esta extensa propiedad se hacen visitas guiadas para cuatro o más personas. En las catas se pueden probar vinos de dos bodegas diferentes. Entre los vinos de rango medio se encuentra el Foral de Portimão Petit-Verdot tinto y, para un regalo, se recomienda el Quinta da Penina Reserva.

5 Adega do Cantor

📍 G4 🏠 Quinta do Miradouro, Guia ⏰ 10.00-13.00 y 14.00-17.00 lu-vi 🌐 winesvidanova.com ▣

La Bodega del Cantante, ahora en manos de la familia Pires, fue propiedad de *sir* Cliff Richard. Después de la visita se pueden catar los vinos Vida Nova y Onda Nova. Hay una terraza que da a los viñedos. Es necesario reservar para hacer una visita o una cata.

6 Quinta dos Vales

📍 E4 🏠 Sítio dos Vales, cerca de Estômbar ⏰ Verano: 10.30-17.30 diario; invierno: 10.30-17.30 lu-sá 🌐 quintadosvales.pt ▣

Esta propiedad, una de las que más producen de la región, es famosa por

La finca Quinta dos Vales

sus muchos vinos premiados, entre
ellos el Marquês dos Vales Grace
Touriga-Nacional. Hay catas a partir
de las 14.30. Aparte de la bodega, las
visitas incluyen los jardines, donde se
exponen peculiares esculturas. Los
visitantes pueden asistir a talleres de
arte. También disponen de alojamiento.

7 Quinta João Clara
📍 F4 🏠 Vale de Lousas, cerca de
Alcantarilha 🕐 11.00-17.00 lu-ju,
10.00-17.00 vi-do 🌐 joaoclara.com
📷

En este viñedo familiar, en una finca
cultivada desde la década de 1970, se
producen solo unos cuantos vinos. Sus
caldos son muy respetados por los
círculos industriales (el João Clara tinto
ha recibido numerosos premios), y se
pueden catar durante la visita a las
instalaciones. Opcionalmente, los
visitantes pueden solicitar un
acompañamiento de jamón y queso.
Conviene reservar por adelantado.

8 Cabrita Wines
📍 F4 🏠 Sítio da Vala, cerca
de Lagoa 🕐 9.00-18.00 lu-vi
🌐 cabritawines.com 📷

Esta finca, con más de 44 ha de
viñedos, jardines y alojamientos,
cuenta con numerosos premios y
medallas. Su vino fue elegido el mejor
del Algarve en 2024. Los visitantes
pueden participar en actividades que
van desde la cata de vinos a visitas
guiadas y talleres en los que se puede
crear un vino propio para llevar a casa
el mismo día. Las catas son a las 11.30 y
a las 16.00.

9 Monte da Casteleja
📍 D4 🏠 Sargaçal, cerca de Lagos
🚫 Solo con visita guiada 🌐 monte
casteleja.com 📷

Las uvas para producir sus tintos,
blancos y rosados se cultivan de
manera orgánica. El horario de catas
se limita a martes, miércoles y
jueves entre 15.00 y 17.00, por lo
que conviene reservar. La bodega
tiene una tienda además de
alojamiento rústico.

10 Quinta do Francês
📍 E4 🏠 Sítio da Dobra,
Odelouca 🕐 10.00-13.00 y
14.00-17.30 lu-vi (med nov-
med mar: también sá)
🌐 quintadofrances.com 📷

Los vinos de esta bodega se sirven
en los mejores restaurantes del
Algarve y tienen buena reputación
internacional. Las catas se llevan a
cabo en la vinoteca, donde se puede
comprar su vino, Quinta do Francês
Syrah. Los grupos tienen que reservar
por adelantado.

Barricas de vino en la
bodega Quinta do Francês

El inconfundible edificio de ladrillo del mercado de Olhão

DE COMPRAS

1 Mercado de Olhão
 L5 Avenida 5 de Outubro, Olhão 7.00–14.00 lu-sá
Situado en una explanada que mira sobre las lagunas, es fantástico para ir a comprar pescado, fruta, verduras y flores. Bajo estos dos pabellones se produce una algarabía de sonidos y colores; los sábados crece gracias a los puestos que venden todo tipo de artículos, desde cestería a salchichas ahumadas, miel o bordados.

2 Porches Pottery
La fachada azul y blanca de su edificio (p. 91) anuncia la impresionante cerámica que se produce en su interior. Toda la cerámica y la loza a la venta se ha realizado en sus talleres y se puede ver cómo varias filas de artesanos locales charlan animadamente mientras aplican con habilidad la pintura al último lote de piezas de loza.

Pieza pintada a mano, Porches Pottery

3 AlgarveShopping, Guia
El exterior de este complejo comercial (p. 91) sorprende por la imitación que hace de la arquitectura tradicional del Algarve. El centro contiene más de 130 tiendas, 45 *boutiques* de moda, un hipermercado y un mercado de alimentación.

4 Mercado de pescado de Quarteira
Es uno de los mercados de pescado más populares de la región. La pesca se desembarca al amanecer y se pone a la venta a las 8.00. Hay que estar dispuesto a regatear y competir por los mejores pescados. Hay mucha demanda de las famosas gambas de Quarteira (p. 91).

5 Forum Algarve, Faro
Forum Algarve es el mayor centro comercial (p. 91) de su clase en la región y atrae tanto a visitantes como a residentes. Sus más de 100 tiendas, *boutiques,* hipermercado, cines y centro de ocio familiar se disponen según un diseño arquitectónico inspirado en el casco histórico de Faro.

6 Aqua Portimão

E4 **Rua de São Pedro 72, Portimão** **10.00–23.00 diario** **aqua-portimao.klepierre.pt**

Situado en el centro, este centro comercial cuenta con cerca de 80 tiendas y *boutiques* y un hipermercado. El aparcamiento es gratuito y el piso superior está lleno de restaurantes.

7 Supermercado Apolónia, Galé

G5 **Sítio Vale do Rabelho, Galé** **8.00–20.00 diario (verano: hasta las 21.00)**

Los clientes se acercan a este centro desde todas partes de la región para comprar sus productos de importación como la carne fresca argentina, la pasta y el picante curri tandoori. Su selección de vinos incluye caldos de California y Chile. Tiene otras dos tiendas en Almancil *(p. 91)* y en Lagoa.

8 Mercado de fruta y pescado Armação de Pêra

F5 **Detrás de Largo da Igreja, Armação de Pêra** **7.00–13.00 mi y sá**

Este mercado interior y exterior ofrece una impresionante variedad de fruta fresca y pescado, incluidos cangrejos, bogavantes y almejas. Fuera se venden mermeladas, miel y un tentador *piri-piri*.

9 Mercado de Loulé

J4 **Praça da República** **7.00–15.00 lu–sá (hasta 16.00 los restaurantes)**

Cada sábado este mercado muestra los productos más frescos del mar y de la

Productos frescos en un puesto del mercado de Loulé

tierra. Delicados ramilletes de hierbas y especias asoman sobre los tarros de miel y mermelada. Pasteles de higos y almendras compiten con ristras de salchichas ahumadas, pescados frescos y numerosas flores olorosas de colores.

10 Quinta Shopping, Quinta do Lago

Este centro comercial *(p. 91)* con terrazas al aire libre y una amplia explanada se encuentra dentro de la exclusiva propiedad Quintana do Lago. Firmas de moda conocidas muestran sus últimos diseños y comparten espacio con joyerías de lujo, perfumerías y tiendas de cosméticos. Con tantas marcas de lujo y de diseño, es un lugar para gastar mucho dinero.

Océano Atlántico

0 km   15

Cena al aire libre en un restaurante junto al río en Tavira

EL ALGARVE DE NOCHE

1 Restaurantes de primera
Si se está de celebración, vale la pena reservar en alguno de los restaurantes con estrella Michelin de la región. En el Vila Joya (p. 93), el chef Dieter Koschina muestra su devoción por el Atlántico en un menú degustación de cuatro platos; el Vista (p. 17) ofrece unas vistas fantásticas de Praia da Rocha, y el Ocean (p. 93) combina sabores portugueses y asiáticos con un resultado increíble.

2 Atardeceres
Es fácil toparse con lugares para ver atardecer por todo el Algarve. Vale la pena contemplar cómo se adentran los últimos rayos de sol en el mar desde el Cabo de São Vicente (p. 105), el punto más occidental de la región. Si se está en el sur, el monumental Ponta da Piedade (p. 34) y las lagunas de Ria Formosa (p. 38) son incluso más impactantes con el ocaso. Para tomarse una copa con buenas vistas, dos opciones son el Rooftop Eva (rooftop-eva.pt) en Faro o el Sky Bar Carvoeiro (skybarrooftop.com/carvoeiro) del Tivoli Algarve Resort.

3 Discotecas de playa
No hace falta salir de la playa o la piscina para ir de fiesta en el Algarve. En verano, las discotecas que se ubican en la playa atraen a los clientes con actuaciones en directo y sesiones de DJ. NoSoloÁgua (nosoloagua.com), en Portimão, es un ejemplo. Aunque en algunas todo gira en torno a la fiesta, las más grandes tienen espacio para relajarse, como la sofisticada Puro beach (purobeach.com/en/beach-club-vilamoura) en Vilamoura.

4 De fiesta en barco
Las excursiones en barco son frecuentes durante todo el año, pero en verano hay más opciones. Las nocturnas

Disfrutando del atardecer en el Cabo de São Vicente

y las fiestas temáticas a bordo salen de los puertos deportivos de Albufeira o Vilamoura al atardecer. Suele haber DJ y la bebida va incluida en el precio.

5 Bares de fado

El género tiene sus raíces en Lisboa, donde se ubican los bares más populares de fado, pero también es posible deleitarse con este género musical en el Algarve. Fado com História (*fadocomhistoria.com*) ofrece conciertos de 45 minutos, mientras que Café Inglês (*p. 92*) y O Castelo (*ocastelofaro.com*) tienen actuaciones más esporádicas.

6 Teatro de calidad

El sur de Portugal es conocido por sus ofertas de naturaleza, pero también tiene una oferta cultural. Centros de primera como el Teatro Municipal de Portimão (*p. 46*) y el Teatro Lethes de Faro (*p. 24*) acogen espectáculos que van de obras internacionales a comedias en vivo o actuaciones de danza y música clásica.

7 Cultura LGTBIQ+

El Algarve carece de una zona LGTBIQ+ concreta, pero hay algunas opciones nocturnas inclusivas en toda la región. Ofrecen noches memorables hasta el amanecer Connection Bar (*connectiongaybar.com*), en Albufeira, o The Loft (*theloftgaybar.com*) y sus fiestas pop en Portimão.

8 Catas de vinos

Puede que el Algarve no tenga la misma fama vitivinícola que la ribera del Duero o el Alentejo, pero no hay que pasar por alto sus caldos. Se puede empezar la noche con una cata en una de las aclamadas bodegas de la región (*p. 74*), muchas de las cuales están cerca de Silves. Quinta do Barradas (*p. 74*) y Quinta Rosa (*p. 74*) son dos de las mejores.

9 Bares estupendos

Los bares del Algarve son ideales para tomarse una cerveza fresca, una copa o el tradicional *medronho* (un tipo de aguardiente hecho con el fruto del madroño). La Algarvian Brewing Company (*Avenida Afonso Henriques Lojal, Portimão*) es perfecta para tomarse una cerveza artesana, mientras que Sal Rosa (*Praça Miguel Bombarda 2, Albufeira*) es imbatible por sus cócteles. Para probar el *medronho*, vale la pena hacerlo en Monchique, donde están los mejores expertos destiladores.

10 Animadas discotecas

Si la noche se prolonga, es bastante probable que se acabe en una discoteca. Muchas se concentran alrededor de los centros vacacionales y de las playas. Albufeira tiene The Strip (*p. 45*) y Lagos (*p. 34*) está llena de establecimientos abiertos durante toda la noche en Rua 25 de Abril, mientras que Praia da Rocha (*p. 89*) ofrece varias opciones cerca de la playa.

De fiesta en una de las discotecas de la costera Albufeira

FESTIVALES Y EVENTOS

Multitud de ramos en la Festa das Tochas Floridas

1 Festa das Tochas Floridas
Domingo de Pascua

Docenas de hombres de traje desfilan por una acera de pétalos mientras levantan antorchas decoradas con flores. Son una serie de calles cubiertas con alfombras de pétalos de colores por las que pasa una procesión religiosa que llega hasta la iglesia de São Brás de Alportel. Cerca de la iglesia a media mañana abre una feria de artesanía, y hay otra en Largo S. Sebastião.

2 Mãe Soberana, Loulé
Normalmente med abr

Es la festividad religiosa más importante del Algarve y está vinculada a antiguos ritos relacionados con la maternidad. El domingo de Pascua se saca en procesión la imagen del siglo XVI de la Mãe Soberana desde su santuario de la montaña hasta el centro de la ciudad. Esta procesión de gran solemnidad y piedad se abre camino hasta la iglesia parroquial de Loulé, en la que la imagen permanece durante dos semanas. En el regreso el paso del cortejo se cubre de flores y se dan vivas a la Mãe Soberana.

3 Festival Med, Loulé
Última sem jun
w festivalmed.cm-loule.pt

Este festival musical de gran prestigio homenajea la cultura mediterránea y del norte de África del Algarve a través de una serie de conciertos, exposiciones de arte y eventos gastronómicos en los alrededores de Loulé. Muchos de los monumentos de la ciudad, como el castillo (p. 50) y los baños árabes (p. 33), sirven como escenarios del festival.

4 Mercado de Culturas à Luz das Velas, Lagoa
Jul (las fechas varían)

Iluminado por más de 12.000 velas, este mercado al aire libre alumbra la orilla de la ciudad costera de Lagoa y celebra la diversidad cultural de la región. Durante cuatro noches, más de 60 artesanos de diversas culturas y religiones exhiben sus tradiciones, gastronomía y arte. Es ideal para comprar productos locales, vino y exquisiteces internacionales.

5 Festival da Sardinha, Portimão
Normalmente 1ª sem ago
w festivaldasardinha.pt

Conocida como la capital de la sardina del Algarve, Portimão organiza un gran festival en verano en honor de este pescado. Juerguistas hambrientos se sienten atraídos por el delicioso aroma y la música en la orilla del río. La última noche hay fuegos artificiales.

6 Feira Medieval de Silves
2ª sem ago   w feiramedieval desilves.pt

Silves regresa a su antiguo esplendor medieval durante este festival. Hay

procesiones, música en directo, teatro callejero y torneos de justas. También se pueden alquilar disfraces medievales.

lanzas y los juglares entretienen a la multitud con música medieval y chanzas. Por la noche unos actores vestidos de época representan obras medievales.

7 Festival do Marisco, Olhão

2ª sem ago 🔲 festivaldomarisco.com

Olhão es el principal puerto pesquero del Algarve y durante la época del festival el Jardim Pescador Olhanense se llena de puestos con delicias llegadas del mar: pulpos, calamares, langostinos, mejillones y las imprescindibles sardinas asadas. A ello se añade el encanto de la música folclórica y el baile.

8 Fatacil, Lagoa

Med ago 🔲 fatacil.pt 🔁

Esta fiesta de 10 días en Lagoa, Fatacil, atrae a visitantes de todas partes de Portugal. En parte fiesta agrícola y en parte feria de artesanía, acoge además conciertos de música, puestos comerciales y un festival gastronómico.

9 Dias Medievais, Castro Marim

Última sem ago 🔁

Hacia finales del verano, durante cuatro días la ciudad de Castro Marim regresa a la época medieval y ofrece una espectacular representación y una feria junto a su castillo del siglo XIII. Los arqueros tiran sus flechas, mientras que los caballeros luchan con sus

10 Algarve Classic Festival

3er/4º fin de semana oct 🔲 autodromodoalgarve.com 🔁

Cientos de coches deportivos legendarios se pueden ver en este evento anual en el Autódromo Internacional do Algarve (p. 47). Se celebran varias carreras de distintas categorías. Otros años han acudido al festival pilotos famosos como Walter Röhrl.

Bailarinas en los Dias Medivais de Castro Marim

RECORRIDOS

Casas tradicionales en Ferragudo

CENTRO

El centro del Algarve acoge en la costa los resorts más animados del sur de Portugal y, en el interior, remotas poblaciones rurales. Zona de contrastes, disfruta de playas de arena dorada y agrestes colinas onduladas en las que se conserva una forma de vida tradicional. La historia ha dejado aquí una marca indeleble a través de megalitos de la Edad de Piedra, restos de villas romanas, castillos árabes y catedrales góticas. Una fuerte herencia marítima impregna su litoral, lo que se evidencia en sus marisquerías.

1 Silves

Silves *(p. 28)* se asoma a un valle con huertos de naranjos, limoneros, algarrobos y almendros. Fue la capital del Algarve árabe, época en la que se construyó su principal lugar de interés: el castillo de arenisca. En su interior hay una cisterna árabe abovedada y la puerta del Traidor (la puerta de la muralla que cruzó Dom Paio Peres Correira cuando conquistó la fortaleza para las fuerzas cristianas en 1242). Las murallas ofrecen excelentes vistas de la ciudad y los alrededores. Extramuros se encuentra la catedral *(Sé)* del siglo XIII, que fue la sede arzobispal del Algarve hasta 1577.

2 Albufeira

Albufeira *(p. 44)* constituye uno de los destinos turísticos más populares del país. Se trata del complejo hotelero más dinámico y grande del Algarve, lo que se puede comprobar cualquier noche de verano en su calle conocida

❶ Imprescindible p. 84	① Y además... p. 88
① Dónde comer p. 93	① Campos de golf p. 90
① Compras p. 91	① Bares y cafés p. 92
① Playas p. 89	

Para alojamientos en la zona, ver p. 130

como The Strip. Las luces de neón
y los espectáculos nocturnos han hecho
famosos su ambiente de fiesta y sus
bares, restaurantes y discotecas. Al día
siguiente se puede recuperar el sueño
en una de las suaves y doradas playas
de Albufeira. A unos 2 km al oeste de
la ciudad hay pequeñas calas que
merece la pena visitar.

**Azulejo que muestra
a san Lorenzo, Almancil**

3 Faro

Faro *(p. 22)* a menudo es ignorada
por los visitantes del Algarve que van
directamente a los centros vacacionales
de la playa. El casco antiguo resulta
fascinante con muestras arquitectónicas
de varios siglos de antigüedad y museos
que merecen una visita. Destaca entre
todos el antiguo convento de Nossa
Senhora da Assunção, que alberga el
museo arqueológico de la ciudad.

4 Almancil
🗺 J5

Uno de los tesoros más resplande-
cientes del Algarve es la Igreja Matriz
de São Lourenço del siglo XVIII
(p. 32), situada a la salida del
pueblo de Almancil. Los murales
de azulejos que cubren el templo
representan escenas de la vida
de san Lorenzo, mientras que la
cúpula profusamente ornamen-
tada ofrece un trampantojo
que en opinión de algunos es
el mejor ejemplo de su tipo fuera
de Roma.

5 Vilamoura
🅟 H5

La popular localidad es el destino elegido por propietarios de yates y famosos. El marítimo es el punto de desembarco de los cruceros costeros en goleta. La región tiene un gran interés histórico y medioambiental; el humedal que rodea Vilamoura ha sido declarado reserva natural protegida. El Museu Cerro da Vila *(p. 53)* es uno de los asentamientos romanos más importantes de Portugal.

6 Loulé

Esta ciudad mercantil *(p. 32)* fue un importante asentamiento árabe y conserva algunos restos de su pasado musulmán. Es famosa por su artesanía, como los artículos de cobre, piel y cerámica, que son de los más apreciados del Algarve. Se pueden comprar en el mercado de Loulé *(p. 77)* junto a frutas y verduras, pescado fresco, hierbas, quesos, especias, miel, botellas de licores y pasteles de higo.

LA VAINA DEL ALGARROBO

La vaina del algarrobo, que se encuentra por toda la región de Caldeirão, se utiliza como pienso para animales, pero también es un sustituto del chocolate. Las vainas se pueden moler y mezclar con harina para producir pan negro, mientras que su goma se emplea en la industria textil y farmacéutica.

7 Salir
🅟 J3

En primavera las flores silvestres cubren los prados que rodean esta aldea de montaña con su castillo árabe *(p. 50)* del siglo XII en ruinas y un pequeño museo *(p. 53)*. Las murallas escalonadas del castillo han adquirido ahora un nuevo uso de la mano de los vecinos, que utilizan sus terrazas como huertos. El corto paseo alrededor del castillo ofrece un bello panorama sobre el macizo de Rocha da Pena. Es posible ver al búho real, la gineta o la mangosta egipcia.

8 Portimão

El largo paseo marítimo de Portimão *(p. 46)* está rodeado de hermosos jardines y de restaurantes y cafés. Este es el punto de salida de los cruceros que recorren el río Arade. Aquí se encuentra, además, el estupendo Museu de Portimão *(p. 52)*. Cerca están el Autódromo Internacional do Algarve, circuito donde se ha celebrado el Campeonato Mundial de Superbikes, y el Ocean Revival Park, un arrecife artificial creado con barcos de guerra hundidos.

9 Alte
🅟 H3

Figura como una bonita instantánea del auténtico Algarve en numerosos folletos turísticos, y realmente Alte

Espléndidas buganvillas en una calle de Ferragudo

Barcos anclados en el puerto deportivo de Vilamoura

parece una bonita postal. Es un pequeño pueblo de fachadas encaladas, calles empedradas, chimeneas con filigrana, artesanía y tradición. Su principal reclamo es una agradable zona de pícnic cerca del río Alte.

10 Ferragudo

🚩 E5

Situado en la desembocadura del río Arade, la vida se centra en el animado puerto con casas de pescadores, talleres de artesanos y marisquerías *(p. 93)*. El laberinto de calles sube hasta una bonita iglesia. Praia Grande es una franja de arena muy popular entre los bañistas y también acoge una escuela de windsurf.

UN RECORRIDO POR LOS PUEBLOS

Mañana

El punto ideal para salir en coche es **Loulé,** donde lo más destacado es el mercado, con una gran selección de productos si acudes temprano. Se recomienda llegar hacia las 9.00.

Tras un café en Bean17 *(p. 92)*, dirígete en coche hacia el norte por la N396 hasta la pintoresca aldea de **Querença** *(p. 88)*, con su iglesia encalada y una antigua cruz de piedra. Tómate un tiempo para disfrutar del ambiente rural, tal vez comiendo algo ligero en alguna de las cafeterías que dan a la plaza.

Sigue hacia el norte hasta **Salir** por la M510, una sinuosa carretera que atraviesa un bosque, y gira hacia el oeste en la N124. Explora las ruinas del castillo y contempla las estupendas vistas que tiene de la meseta caliza de **Rocha da Pena.** Entre semana está abierto el pequeño museo arqueológico que hay junto al castillo.

Tarde

Continúa por la N124 para comer en **Alte** en alguna de las cafeterías tradicionales que hay junto a la iglesia. Necesitas por lo menos una hora para conocer uno de los pueblos más bonitos del Algarve y comprar artesanía tradicional.

Puedes terminar la tarde visitando **Paderne** *(p. 88)* si te diriges al oeste por la N124 y después al sur por la N270. Sigue las señales para ir a ver el castillo árabe del siglo XII *(p. 50)*.

Y además...

1. Estômbar
🅿 E4
Desde esta población se pueden seguir las señales hasta Sítio das Fontes para descubrir una zona estupenda de pícnic escondida, con vistas al río Arade. Desde aquí se divisa un antiguo molino de agua.

2. Forte e Capela de Nossa Senhora da Rocha
🅿 F5
La capilla del siglo XV de Nuestra Señora de la Roca llama la atención por su cúpula octogonal. Desde el acantilado se ven extrañas formaciones rocosas y una playa de arena dorada.

3. Querença
🅿 K4
Una pintoresca aldea en lo alto de una montaña que parece dormida en medio del más hermoso aislamiento. Está coronada por la sencilla Igreja Nossa Senhora da Assunçao.

4. Barragem do Arade
🅿 F3
Esta reserva es perfecta para hacer un pícnic con el gorjeo de los pájaros de fondo. También existe la posibilidad de hacer senderismo y rutas en bicicleta de montaña.

5. Paderne
🅿 G4
Apartado de las villas y playas de la costa del Algarve, sus encantadoras casas del siglo XIX transportan a otro tiempo. Hay agradables cafés-restaurante que ofrecen un refrescante refrigerio.

6. São Bartolomeu de Messines
🅿 G3
El poeta João de Deus es el personaje más célebre nacido en este tranquilo pueblo rural. La iglesia cuenta con unas increíbles salomónicas de piedra arenisca, únicas en todo el Algarve.

7. La *calçadinha* romana
🅿 D4
La *calçadinha*, que formaba parte de la vía romana que unía Faro con Beja, es una calle empedrada de 1.480 m de largo. Formaba parte de la red de calzadas romanas de la región y todavía es transitable. El Centro da Calçadinha *(Rua do Matadouro 2; (289) 840 004)* ofrece información sobre la calzada. Llamar antes si se quiere hacer una visita guiada.

8. Praia do Carvoeiro
🅿 E5
Pintoresca playa limitada por las paredes de los acantilados y enmarcada por hileras de apartamentos y algunos magníficos restaurantes. Muy popular entre las familias en verano y entre los golfistas en invierno.

9. Alcantarilha
🅿 F4
Pueblo conocido por su capilla-osario, donde los esqueletos de 1.500 parroquianos cubren su techo y paredes.

10. Monumentos Megalíticos de Alcalar
🅿 D4   🏠 Mexilhoeira Grande   📞 (282) 248 594   🕐 Los horarios varían, llamar antes 🔗
Sus cámaras sepulcrales consisten en una serie de tumbas megalíticas. El camino hasta aquí pasa por bosques de robles y olivos.

Forte e Capela de Nossa Senhora da Rocha

La rocosa costa de Praia de São Rafael, Albufeira

Playas

1. Praia da Galé, Armação de Pêra
⏻ F5
Dos medias lunas de suave arena blanca conforman esta playa salpicada por algunos extraordinarios farallones de arenisca.

2. Praia da Oura, Albufeira
⏻ G5
Esta playa situada al final de The Strip cuenta con pedazos de roca arenisca amarilla. Es tremendamente popular en verano.

3. Praia de Faro, Ilha de Faro
⏻ J6–K6
En una de las estrechas islas que protegen la laguna de Ria Formosa, esta gigantesca lengua de arena es el destino favorito de los residentes de Faro y de aquellos visitantes que desean escapar del calor de la ciudad.

4. Praia da Rocha, Portimão
⏻ E4
Esta franja de arenas doradas frente a unos acantilados rojizos es una de las playas más famosas del Algarve.

5. Praia de São Rafael, Albufeira
⏻ G5
De las profundidades de esta preciosa bahía de arena fina emergen unas extraordinarias formaciones rocosas.

6. Praia dos Pescadores, Albufeira
⏻ G5
El nombre de esta playa se refiere a los coloridos barcos de pesca que se dejaban en la arena cuando no estaban faenando. Los barcos ahora atracan en el puerto deportivo.

7. Praia da Senhora da Rocha
⏻ F5
Playa rodeada de acantilados con aguas cálidas y cristalinas. Por encima se encuentra el Forte e Capela de Nossa Senhora da Rocha.

8. Praia da Falésia, Olhos de Água
⏻ G5–H5
Esta playa, que nunca llega a llenarse ni siquiera en verano, se abre a las frescas aguas del suroeste perfectas para los amantes del windsurf.

9. Praia de Vilamoura
⏻ H5
La playa de Vilamoura disfruta de un envidiable emplazamiento junto al complejo vacacional. Sus aguas son tranquilas gracias al rompeolas del puerto. La zona a menudo es elegida como telón de fondo por los fotógrafos de moda.

10. Praia de Vale do Lobo
⏻ J5
Esta playa es frecuentada por los clientes que se alojan en el complejo vacacional de Vale do Lobo. Cuenta con estupendos bares-café cerca.

Campos de golf

1. Pine Cliffs
◉ G5 ⌂ Praia da Falésia, Albufeira
Ⓦ pinecliffs.com
Este campo de nueve hoyos par 33 en lo alto de un acantilado ofrece unas vistas increíbles del océano Atlántico. Su último hoyo recibe el nombre de Sala del Diablo.

2. San Lorenzo
◉ J5 ⌂ Quinta do Lago
Ⓦ sanlorenzogolfcourse.com
Este campo de 18 hoyos par 72, considerado uno de los mejores de Europa, lo diseñaron los arquitectos estadounidenses Joseph Lee y Rocky Roquemore. Está situado en el Parque Natural da Ria Formosa y en el estuario.

3. Quinta do Lago Sul
◉ J5 ⌂ Almancil Ⓦ quintadolago.com
Quinta do Lago Sul, un reconocido campo de competición, ha albergado el Open portugués varias veces. Destacan cuatro hoyos par 5.

4. Vale do Lobo
◉ J5 ⌂ Almancil Ⓦ valedolobo.com
Su Royal Course incorpora el conocido hoyo 16 par 3 con un tiro largo sobre los acantilados. El Ocean Course sigue un terreno ondulado.

5. Campos de golf Vilamoura
◉ H5 ⌂ Vilamoura ☎ (289) 310 333
Los campos Old Course, Pinhal, Laguna, Millennium y Victoria ofrecen unos estupendos recorridos de 18 hoyos par 72 sobre un precioso entorno.

6. Amendoeira Faldo & O'Connor Jnr
◉ F4 ⌂ Amendoeira Golf Resort, EN 529, Alcântarilha
Ⓦ amendoeiraresort.com
El Amendoeira Golf Resort cuenta con dos aclamados campos de 18 hoyos diseñados por *sir* Nick Faldo y Christy O'Connor Jnr.

7. Campo Vale da Pinta, Pestana Carvoeiro
◉ E5 ⌂ Pestana Golf & Resort, Carvoeiro ☎ (282) 340 900
Un viejo olivo se alza sobre uno de los *greens* del campo de 18 hoyos de Vale da Pinta. El recorrido del hoyo 18 Gramacho cuenta con algunos *greens* con muchas arenas.

8. Pinheiros Altos
◉ J5 ⌂ Quinta do Lago ☎ (289) 359 910
Campo independiente de 27 hoyos par 72 en la propiedad de Quinta do Lago, que forma parte del Parque Natural da Ria Formosa.

9. Vila Sol Golf
◉ H5 ⌂ Morgadinhos, Vilamoura
☎ (289) 320 370
Conocido por sus obstáculos de agua, este campo de 27 hoyos par 72 es todo un desafío para golfistas de todos los niveles.

10. Balaia Golf
◉ G5 ⌂ Albufeira Ⓦ es.balaiagolf village.com
Este campo de nueve hoyos par 27 está construido sobre un terreno de pinos y alcornoques.

Golfistas en el campo de golf de Pine Cliffs

Compras

La panadería del supermercado Apolónia

1. Mercado de Loulé

🅟 J4 🏠 Praça da República, Loulé ⏰ 7.00-16.00 diario
🌐 therealalgarve.com

Uno de los mercados más variados. Se venden frutas, pescado, queso, flores y artesanía local.

2. Centro comercial Forum Algarve

🅟 K6 🏠 EN 125, Sítio das Figuras, Faro ⏰ 10.00-23.00 lu-ju y do (hasta 24.00 vi y sá) 🌐 forumalgarve.net

Con un diseño arquitectónico inspirado en el centro histórico de Faro, se trata del mayor centro comercial de la región.

3. AlgarveShopping

🅟 G4 🏠 EN 125, Guia ⏰ 10.00-23.00 diario 🌐 algarveshopping.pt

Este centro acoge firmas nacionales e internacionales, un cine y un mercado de alimentación.

4. Quinta Shopping

🅟 J5 🏠 Quinta do Lago ⏰ 10.00-19.00 diario (jul y ago: hasta 22.00)

Un centro comercial al aire libre con *boutiques,* tiendas de deportes y varios restaurantes.

5. Gigagarden

🅟 G4 🏠 Guia, EN 125 ⏰ 9.00-19.30 lu-sá, 10.00-19.00 do

Extenso centro de jardinería, tiene diversos arbustos, árboles y cactus.

6. Quinta da Penina

🅟 E4 🏠 Parque Industrial do Pateiro Rua dos Conserveiros, Lt4 8400-651 Parchal 🌐 vinhosportimao.com 🅒

En esta excelente bodega hay catas y visitas guiadas con regularidad. También se pueden aprovechar los descuentos en la tienda de Quinta da Penina. La tienda solo abre para visitas guiadas, por lo que conviene reservar.

7. Mercado de pescado de Quarteira

🅟 H5 🏠 Largo do Mercado, Quarteira ⏰ Jun-sep: 8.00-15.00 lu-sá; oct-may: 8.00-14.00 lu-sá

El mercado más famoso de su clase en la costa meridional; si se llega pronto, se encuentra el mejor pescado.

8. Porches Pottery

🅟 F4 🏠 EN 125, Porches, Lagoa ⏰ 9.00-18.00 lu-vi, 10.00-14.00 sá

Una de las principales tiendas de cerámica de la región. Ofrece bellas piezas pintadas a mano.

9. Gama Rama

🅟 T2 🏠 Rua do Prior 13, Faro ⏰ 11.00-17.00 ma-vi (hasta 14.00 sá)

Esta moderna galería de arte vende grabados y cerámica de artistas portugueses. También organiza talleres interesantes. Vale la pena consultar las redes sociales de la galería para informarse.

10. Supermercado Apolónia

🅟 J5 🏠 Avenida 5 de Outubro 271, Almancil ⏰ 8.00-20.00 diario (verano: hasta 21.00)

El mejor supermercado del país en alimentos de importación.

Urna en venta, Porches Pottery

Bares y cafés

1. Casa da Isabel, Portimão
📍 E4 🏠 Rua Direita 61, Portimão
🌐 mi ⊕ acasadaisabel.com · €
Una tetería oculta tras la fachada de azulejos de una casa. Sus dulces, cafés y tés son los mejores de la ciudad.

2. Maktostas, Faro
📍 K6 🏠 Rua do Alportel 29, Faro
⊕ mahtostas.eatbu.com · €
En una bonita plaza de un tranquilo rincón de la ciudad. Un lugar con carácter que sirve marisco, platos tradicionales de carne y comida vegetariana y vegana.

3. Bean17, Loulé
📍 J4 🏠 Mercado de Loulé, puesto 11
📞 (935) 795 858 🕐 do y lu · €
Un café especializado regentado por una pareja holandesa que emplea granos tostados en la zona. También hay dulces y alternativas veganas.

4. Casa da Fonte, Albufeira
📍 G5 🏠 Rua João de Deus 7, Albufeira
⊕ restaurantebarcasadafonte.pt · €€
Con su decoración urbana, su amable servicio y sus platos de pescado y de carne a la parrilla es una visita obligada para comer en Albufeira.

5. Pastelaria Rosa, Silves
📍 F4 🏠 Largo do Município, Silves
🕐 do ⊕ darosa.pt · €
Un lugar soberbio para probar pastas tradicionales del Algarve y magnífico café.

Interior de la Pastelaria Rosa, Silves

6. Água Mel, Alte
📍 H3 🏠 Largo José Cavaco Veira, Alte 🕐 do · €
Un lugar de descanso tras un día en la montaña. Ofrece espléndidas vistas para acompañar sus cafés, tentempiés y comidas ligeras.

7. Bel'mare Gastrobar, Faro
📍 K6 🏠 Avenida Nascente 25, Praia de Faro, Faro 📞 289 018 237 · €
Gastrobar con vistas al mar en Praia de Faro (p. 89), ideal para ver el atardecer.

8. Café Inglês, Silves
📍 F4 🏠 Rua do Castelo 11, Silves
🕐 lu ⊕ cafeingles.com.pt · €
Situado bajo el castillo, ofrece tentempiés y platos y música en directo, incluido el fado.

9. Pigs and Cows, Faro
📍 K6 🏠 Rua Baptista Lopes 57, Faro 🕐 lu-mi
⊕ pigsandcowsalgarve.com · €€
Pequeño café con una carta variada conocido por su oferta de temporada, que preparan con ingredientes de proximidad.

10. Bago Wine Bar, Faro
📍 U3 🏠 Rua José Maria Brandeiro 10, Faro 🕐 do y lu
⊕ bagowinebar.pt · €€
Este bar situado en el histórico Palacete Belmarço (p. 23) de Faro sirve vinos portugueses y excelentes tapas.

Dónde comer

1. Casa Velha, Quinta do Lago

📍 J5 🏠 Quinta do Lago 🕐 Mediodía, lu
🌐 quintadolago.com · €€€

Local con estrella Michelin que sirve
platos portugueses con un toque
contemporáneo, como la *patanisca de
polvo* (fritura de pulpo). Cuenta con
opciones veganas.

2. Ocean, Alporchinhos

📍 F5 🏠 Vila Vita Parc, Rua Anneliese
Pohl, Alporchinhos 🕐 lu y ma
🌐 restauranteocean.com · €€€

Establecimiento del chef austriaco Hans
Neuner que ha ganado dos estrellas
Michelin gracias a excelentes platos como
los salmonetes, las judías *spello* o las
gambas. Hay que reservar.

3. Vila Joya, Albufeira

📍 G5 🏠 Praia da Galé, Estrada da
Galé, Albufeira 🌐 vilajoya.com · €€€

Un restaurante de primera en Albufeira,
en la costa Atlántica, que sirve cocina
gourmet y tiene una impresionante carta
de vinos.

4. Veneza, Paderne

📍 G4 🏠 Estrada de Paderne
560a 🕐 Cenas vi y do
🌐 restauranteveneza.com · €€

Restaurante rural conocido por su
rústica carta y su selección de vinos.
Excelentes postres caseros.

5. Vila Adentro, Faro

📍 K6 🏠 Praça Dom Afonso III 17,
Faro 🌐 vilaadentro.pt · €€

Un lugar emblemático del casco antiguo
recubierto de azulejos. El menú ofrece una
de las mejores *cataplanas* tradicionales de
la ciudad y postres deliciosos.

Platos regionales en
O Charneco, Estômbar

6. O Charneco, Estômbar

📍 E4 🏠 Rua Joaquim Manuel Charneco
3, Estômbar 📞 (282) 431 113 🕐 Mediodía,
do · €€

Los comensales pueden disfrutar de una
selección de cinco platos regionales, con
una botella de vino de la casa. No admite
tarjetas.

7. Bocage, Loulé

📍 J4 🏠 Rua Bocage 14, Loulé 🕐 do
🌐 restaurantebocage.com · €€

Un establecimiento con larga historia
que sirve platos portugueses, incluidos
el pescado y la carne a la parrilla.

8. Sueste, Ferragudo

📍 E5 🏠 Rua Infante Santo 91, Ferragudo
🕐 lu 🌐 restaurantesueste.com · €

Famoso por sus platos de pescado. Las
mejores mesas dan al puerto; el interior
es como una casa de pescadores
tradicionales.

9. O Barradas, Silves

📍 F4 🏠 Venda Nova, Palmeirinha, Silves
🕐 Mediodía, mi 🌐 obarradas.com · €€€

Suculentos platos de carne y pescado
fresco en un ambiente rústico.

10. São Domingos, Faro

📍 V2 🏠 Rua da Trindade 10, Faro
📞 (289) 829 990 · €

Deliciosos platos caseros. Se llena
particularmente a la hora de comer, así
que hay que reservar. No admite tarjetas

Panorámica de la Cidade Velha de Faro

ESTE

Una serie de alargadas y estrechas islas con bancos de arena se extiende por gran parte de la costa oriental del Algarve, a sotavento. Estas barreras naturales protegen el frágil ecosistema lacustre, hogar de una impresionante variedad de flora y fauna. Más allá se encuentran aldeas de pescadores perdidas en el tiempo. Hacia el este las iglesias renacentistas se elevan sobre pueblos pintorescos y bellas ciudades con puentes romanos, castillos árabes y los característicos tejados piramidales. Su poco poblado interior atesora una naturaleza bien preservada y una herencia histórica y cultural que ha permanecido inalterable durante siglos.

Para alojamientos en la zona, ver p. 131

El puente romano que atraviesa el río Gilão, Tavira

1 Tavira

El elemento más emblemático de Tavira *(p. 26)* son sus iglesias, que suman casi 40 campanarios y torres. Dos de ellas tienen un especial valor histórico: la Igreja da Misericordia es el monumento renacentista más importante del Algarve, y la Igreja de Santa Maria do Castelo acoge los restos de Dom Paio Peres Correia, que ayudó a reconquistar Portugal de los musulmanes. El elegante puente romano que cruza el río Gilão es otro de los monumentos distintivos que conforman esta ciudad, considerada por muchos como la más bonita de la región.

2 Alcoutim
📍 P1

Las murallas del castillo del siglo XIV *(p. 50)* continúan en pie, protegiendo esta encantadora aldea ribereña que se encuentra en la parte más alta del río Guadiana. En la orilla española se alza Sanlúcar como si de un pueblo gemelo se tratara. Estas dos localidades llegaron a estar en guerra en el pasado y fue en este castillo donde se firmó un tratado de paz de corta duración en 1371. Hay un servicio de barcos entre los dos pueblos. También se pude cruzar el río en tirolina, una atracción que parte en la zona española del Guadiana *(p. 61)*.

3 Parque Natural da Ria Formosa

Esta extensión de marismas, salinas e islas de dunas de arena constituye el hábitat de una variedad de vida silvestre *(p. 38)*. Es uno de los humedales más importantes de Europa. Tres recorridos naturales, São Lourenço, Quinta do Lago y Olhão, hacen posible contemplar la vida salvaje desde cerca.

4 Castro Marim
📍 P4

La histórica ciudad fronteriza de Castro Marim se extiende suavemente hacia la desembocadura del río Guadiana. Sus castillos gemelos son un testimonio del papel estratégico que desempeñó a lo largo de siglos pasados. Las amplias vistas que se obtienen desde las murallas de su principal fortaleza del siglo XIII *(p. 51)* abarcan la Reserva Natural do Sapal hacia el norte y Vila Real de Santo António hacia el sur. También se divisa territorio español.

5 Reserva Natural do Sapal
📍 P4

Creada en 1975, se trata de una de las reservas naturales más antiguas de Portugal. Aunque una gran parte de este humedal lo ocupan unas salinas en explotación, también constituye un importante lugar de anidamiento de invierno para espátulas, flamencos y otras aves como la cigüeñuela, símbolo de la reserva. El centro de atención al turista (cerrado sá y do) se encuentra junto a las salinas. Se puede recorrer un sendero ecológico.

6 Cacela Velha
N4

Esta aldea costera, que se piensa que nació como asentamiento fenicio, domina una de las zonas menos explotadas del Algarve. Un mosaico de campos y llanuras rodea un peñasco coronado por una fortaleza del siglo XVIII *(p. 51)*. A su sombra descansa la iglesia parroquial, que se alza frente a las fachadas de las casas de pescadores que flanquean la plaza.

7 Vila Real de Santo António
P4

El asentamiento original fue inundado por un repentino golpe de marea a principios del siglo XVII y renació a finales del siglo XVIII cuando el Marqués de Pombal proyectó una ciudad nueva basándose en la estructura de damero de Lisboa. Actualmente esta ciudad atrae a excursionistas de un día que acuden desde Ayamonte.

8 Olhão
L5

Olhão, uno de los puertos de pesca más grandes de la región y centro

EN BARCO A BRASIL SIN CARTAS DE NAVEGACIÓN

En 1808 Olhão protagonizó un levantamiento frente a la guarnición francesa que fue el detonante de la retirada de las fuerzas napoleónicas.

Para transmitir la noticia al rey João VI, los pescadores de Olhão navegaron hasta Río de Janeiro sin cartas de navegación. Su travesía cruzando el Atlántico impresionó tanto al rey que a su regreso elevó Olhão a la categoría de ciudad.

conservero de atún y sardina, tiene estupendas marisquerías. La ciudad gira en torno a la pesca, tal como queda reflejado en su iglesia del siglo XVII, construida con donativos de los pescadores locales. Cuando el tiempo es malo, las mujeres acuden a rezar a la capilla de Nossa Senhora dos Aflitos para que sus maridos regresen sanos y salvos. Las casas cuadrangulares con sus tejados planos cubiertos por terrazas y escaleras exteriores reflejan los fuertes vínculos

Escultura en el Palácio
do Visconde de Estói

comerciales que en el pasado la unían
con el norte de África.

9 Estói

☑ K5

Estói posee dos lugares de interés:
el Palácio do Visconde de Estói, junto a
la plaza, y las ruinas romanas del cercano
Milreu (p. 24). El palacio del siglo XIX
conserva su fachada rococó de color rosa.
Los jardines están salpicados de naranjos
y palmeras, y dan continuidad al espíritu
rococó del palacio. Un paseo colina abajo
desde el otro extremo de la plaza lleva
a las ruinas romanas, que incluyen el
peristilo de una villa romana construida
en el siglo II, baños decorados con
mosaicos de peces y un templo.

10 Santa Luzia

☑ M5

La explanada de Santa Luzia está
flanqueada por unas esbeltas palmeras
que se mecen bajo la brisa del mar. Este
pueblo está íntimamente asociado con
el pulpo, y cerca de su puerto se pueden
ver docenas de *covos* u ollas en las que
se guardan los protagonistas de la comida
o la cena. Las excursiones marítimas de
verano parten del puerto y surcan las
aguas hacia Ilha de Tavira.

Olhão, con la iglesia parroquial
en primer término

RUTA EN COCHE HASTA ALCOUTIM

Mañana

Un paseo en coche saliendo de
Castro Marim (p. 97) por la EN122
transcurre a través de montañas
y valles hasta la ribera del río
Guadiana.

Un recorrido de una hora permite
llegar a **Alcoutim** (p. 97). Tienes que
seguir la EN122 hasta pasar el
Barragem de Odeleite y varias
aldeas. Al llegar a Cruzamento gira a
la derecha en dirección a Alcoutim.

Haz una pausa en la Praça da
República. Después explora el
castillo (p. 50) y el museo. Regresa
a la plaza para comer algo.

Tarde

Si hace un día caluroso, puedes ir a
Praia Fluvial de Alcoutim (p. 100)
para dar un paseo. También puedes
tomar un barco hasta España y dar
una vuelta por **Sanlúcar de
Guadiana.** Si eres un amante
de la adrenalina, regresa a través de
la tirolina (p. 61).

Para volver a Castro Marim sigue la
EN507 hacia el sur de Alcoutim por
la orilla del Guadiana por una de las
carreteras más bonitas del Algarve.
Es buena idea hacer una parada en
la ruinas de **Villa Romana de
Montinho das Laranjeiras,** una
vivienda romana del siglo I.

Tras Foz de Odeleito la carretera
regresa hacia las montañas antes
de encontrarse con la EN122
y dirigirse al sur.

Praia Fluvial de Alcoutim

Islas y playas

1. Ilha de Tavira
📍 M5

Este enorme banco de arena que se extiende 11 km por la costa, al oeste de Tavira, está conectado con tierra firme por medio de un ferri que sale de Quatro Águas y tarda 15 minutos. También dispone de una pequeña vía de tren que llega desde Pedras d'el Rei.

2. Ilha da Armona
📍 L5-L6

Muy popular entre los viajeros independientes, las playas disponen de varios bares y restaurantes. El ferri desde Olhão tarda 20 minutos en cubrir el trayecto.

3. Ilha da Culatra
📍 L6

Sus playas disfrutan de un agradable aislamiento; es habitual entre los nudistas. El ferri lo conecta con Olhão en una travesía de 45 minutos.

4. Ilha da Fuseta
📍 M5

Esta isla permite dar agradables paseos cuando baja la marea. Las playas son magníficas y la laguna es muy popular entre los windsurfistas.

5. Praia do Farol
📍 L6

Se puede llegar a Faro tras 45 minutos en ferri desde el muelle de Porta Nova, también parte desde Olhão.

6. Praia Verde
📍 P4

La playa Verde, una de las muchas que hay en la amplia curva de la bahía de Monte Gordo, toma su nombre del verde bosque de pinos que la rodea.

7. Praia de Cacela Velha
📍 N4

Esta apartada extensión de arena dominada por la pequeña Fortaleza de Cacela Velha (p. 51) es perfecta para tomar el sol.

8. Ilha da Barreta
📍 K6

Los barcos que salen del muelle de Porta Nova en Faro transportan a los visitantes a esta isla desierta. Cuenta con el bar-restaurante O Estaminé para avituallarse.

9. Praia Fluvial de Alcoutim
📍 P1

Esta zona de arena, conocida como Pego Fundo, que rodea a un afluente del Guadiana, es una de las pocas playas fluviales del Algarve.

10. Praia da Ilha de Cabanas
📍 N4

Menos abarrotadas que algunas de las playas vecinas, las impecables playas de Cabanas permanecen ocultas al gran turismo; para acceder a ellas hay que dirigirse hacia el oeste desde Praia de Manta Rota.

Dónde comer

1. Brisa do Rio, Tavira

M4 Rua João Vaz Côrte Real 38 (915) 434 452 Mediodía, do y lu, nov · €

Aclamado restaurante de comida regional. Se recomienda reservar para asegurarse una mesa.

2. A Ver Tavira, Tavira

M4 Calçada da Galeria do y lu avertavira.com · €€€

Restaurante con estrella Michelin próximo al castillo, sirve tapas y un menú degustación. Es imprescindible reservar.

3. Casa Velha, Cacela Velha

N4 Cacela Velha (281) 952 297 lu y do mediodía, ene · €

Este restaurante es famoso por la *feijoada de iongueirão* (judías con navajas), las ostras y otros platos de marisco.

4. Marisqueira O Capelo, Santa Luzia

M5 Avenida Eng. Duarte Pacheco 40 (281) 381 670 ma cenas, mi, ene · €€

Una mesa en la terraza con vistas a Ria Formosa es la mejor opción. Sus especialidades incluyen atún y arroz con pulpo.

5. A Tasca Medieval, Castro Marim

P4 Rua 25 de Abril 65 (281) 513 196 ma · €

Comida tradicional de primera categoría. Hay que encargar su especialidad, la *açorda de galinha* (guiso de gallina), pero vale la pena la espera.

6. Restaurante Ria Formosa, Olhão

L5 Avenida 5 de Outubro 14 ju restauranteriaformosa.eatbu.com · €

Este lugar calificado como "todo un océano bajo un techo" ofrece capturas frescas del día.

7. Os Arcos, Vila Real

P4 Avenida da República 45 (281) 543 764 · €

Un restaurante con amplias salas de comedor situado al borde del río.

8. À Terra, Moncarapacho

L5 Octant Vila Monte Farm House vilamonte.octanthotels.com · €€

Este restaurante usa productos locales y verduras de la huerta para preparar platos con un característico sabor Mediterráneo.

9. Luís dos Frangos, São Brás de Alportel

K4 Rua Dr José Dias Sanchos 134 (289) 842 635 lu y ma, últimas dos semanas sep · €

Un restaurante sencillo que sirve magnífico pollo asado.

10. A Chaminé, Altura

P4 Avenida 24 de Junho (281) 950 100 ma (salvo jul-ago y 3ª semana nov) · €€

Un restaurante tradicional y casero que sirve magnífico marisco.

El comedor de À Terra, Moncarapacho

OESTE

El Algarve occidental aúna un litoral atlántico con un verde paisaje mediterráneo. Los promontorios azotados por el viento, que están asociados con Enrique el Navegante, dan paso a colinas cubiertas de bosques y montañas rodeadas por un mar de nubes. Algunas de las playas más espectaculares de la región están situadas en la costa sur, con farallones de rocas de color ocre. Todo ello junto a un rico entramado histórico de iglesias barrocas y capillas manuelinas, escarpadas defensas marítimas y fascinantes monumentos neolíticos.

❶ Imprescindible
p. 103

① Dónde comer
p. 109

① Compras
p. 108

① Playas
p. 106

Para alojamientos en la zona, ver p. 132

Capilla en el interior de la Fortaleza de Sagres

1 Lagos

Lagos *(p. 34)*, una de las ciudades vacacionales más populares del sur de Portugal, capta inmediatamente la atención del visitante con su espíritu festivo, informal estilo de vida e inmensa riqueza histórica. Su mayor tesoro es la Iglesia de Santo António. Las cercanas playas son magníficas con su fina arena dorada, ocres acantilados azotados por el mar y originales formaciones rocosas de piedra arenisca.

2 Monchique y Caldas de Monchique

Monchique *(p. 30)* es una ciudad mercantil situada en la arbolada Serra de Monchique. A su sombra se encuentra Caldas de Monchique, una encantadora aldea que vive de la fama de su popular balneario de espumosas aguas minerales, a las que se atribuyen poderes curativos. El hábitat atlántico-mediterráneo único de esta sierra constituye un paraíso para la vida salvaje. Fóia y Picota, que coronan esta zona tan fértil y diversa, ofrecen unas espléndidas vistas.

3 Sagres

Sagres *(p. 42)* debe su popularidad al enorme fuerte *(p. 51)* que se extiende a lo largo del brazo de la escarpada Ponta de Sagres. Se cree que aquí se encontraban la fortaleza original de Enrique el Navegante y la Vila do Infante, su legendaria escuela de navegantes. Poco queda de ambas, quizás tan solo la Rosa dos Ventos y la pequeña capilla de Nossa Senhora da Graça, que se piensa que fue visitada por Enrique durante el siglo XV. La ciudad de Sagres es una localidad modesta con un precioso puerto y algunas playas magníficas que atraen a surfistas de todas partes del mundo.

4 Raposeira
🗺 B5

Este pequeño pueblo, con algunas casas de campo y un bar, es una parada pintoresca para quienes viajan por la EN125. La capilla de Nossa Senhora de Guadalupe, que se encuentra a 1 km de esta aldea, es el principal lugar de interés de la zona, pues es uno de los ejemplos más antiguos de la arquitectura gótica del Algarve. Se dice que Enrique el Navegante rezó en la capilla cuando estuvo en Raposeira, igual que muchos miembros de su tripulación, antes de zarpar a tierras desconocidas. Dentro de la capilla, construida en honor de la Virgen de Guadalupe, hay unas enigmáticas cabezas de piedra que miran desde el techo. La capilla está cerrada temporalmente por reforma.

Nossa Senhora de Guadalupe, Raposeira

5 Vila do Bispo
B5

El paisaje que rodea Vila do Bispo es rico en restos del pasado prehistórico del Algarve. Su campo se encuentra salpicado de menhires. Cerca de Hortas do Tabual aparecen varios de estos megalitos, algunos de ellos con cruces grabadas, formando un círculo. Los arqueólogos especulan si podría tratarse del emplazamiento de la mítica iglesia del Cuervo, en la que supuestamente descansaban los restos de san Vicente antes de ser trasladados a Lisboa.

6 Odeceixe
C1

El río Seixe serpentea a lo largo de este pueblo convirtiéndolo en una estupenda base para los surfistas que quieren cabalgar sobre las olas que azotan la playa de Odeceixe (*p. 106*). Sobre el pueblo se alza un molino de viento que aprovechaba los fuertes vientos del Atlántico en tiempos pasados; hoy es un popular punto de observación del paisaje del Alentejo. Las casas de huéspedes ofrecen una buena relación calidad/precio y se llenan rápidamente en verano.

7 Barragem da Bravura
D4

Este embalse de 20 km situado al norte de Lagos constituye un magnífico lugar para realizar una comida campestre. En primavera los campos de orquídeas se extienden bajo los almendros en flor y las mariposas revolotean en torno a ellas. Unos esbeltos eucaliptos invaden las orillas de este lago artificial, mientras que sus bosques son el refugio favorito del zorro rojo y el jabalí. La zona más alta, que se extiende al norte de la presa, está generosamente poblada por alcornoques y desde ella se obtienen las mejores vistas del lago.

8 Parque Natural do Sudoeste Alentejano e Costa Vicentina
B3-5, C2 y C3 Oficinas del parque: Rua Serpa Pinto 32, Odemira, Alentejo (283) 322 735

Todo el litoral del Algarve occidental se encuentra dentro de los límites de esta salvaje y rocosa reserva natural. Aquí crecen docenas de plantas endémicas y poco habituales, y constituye un auténtico paraíso botánico. Cientos de especies de aves (*p. 63*) revolotean y planean sobre las llanuras de la costa bajo la atenta mirada de los ornitólogos, que merodean por la zona con sus prismáticos.

El singular faro de Cabo de São Vicente

9 Cabo de São Vicente
🚩 B5

Su paisaje austero, con acantilados de piedra caliza y un mar inolvidable, llevó a los cronistas griegos a considerar este cabo azotado por el viento como el fin del mundo. Los romanos, que adoraban este saliente rocoso, lo bautizaron como Promontorium Sacrum, donde unas maravillosas puestas de sol le daban cierto aire místico que sigue conservando. Se dice que Enrique el Navegante tuvo una residencia en el castillo que se encuentra a la derecha del faro.

10 Aljezur
🚩 C3

Las humildes ruinas de un castillo árabe del siglo X (p. 50) se alzan como un centinela sobre el conjunto de casas enlucidas y cafés-restaurante que conforman el pueblo de Aljezur. Un empinado camino adoquinado sube hasta los envejecidos pero firmes muros del castillo, que ofrecen una maravillosa vista. En el pasado, en esta zona ribereña proliferaban los mosquitos portadores de malaria y durante el siglo XVIII algunos de sus pobladores decidieron trasladarse a Igreja Nova, la zona menos antigua de Aljezur, situada al este.

Recorriendo un sendero en Odeceixe

UN RECORRIDO POR EL OESTE

Mañana

Comienza la jornada desayunando en **Lagos** (p. 34), en el Café Odeon en Rua do Castelo dos Governadores, cerca de las murallas del castillo.

El recorrido sigue la EN125, cruzando los límites del **Parque Natural do Sudoeste Alentejano e Costa Vicentina**. Es una carretera serpenteante que pasa junto a la pequeña capilla del siglo XIV de **Nossa Senhora de Guadalupe** y los asentamientos prehistóricos de **Vila do Bispo,** para llegar hasta **Sagres** (p. 42) y su fuerte del siglo XVIII.

Tras recorrer la costera Sagres, puedes retomar fuerzas en el Café Conchinha en Praça da República o en el café-restaurante Pau de Pita, en Rua Comandante Matoso.

Tarde

Sagres tiene un precioso puerto que puedes explorar a pie. Desde la **Fortaleza de Sagres** (p. 51), sobre un acantilado, puedes contemplar los barcos de pesca; se accede girando y subiendo por la carretera de tierra que sale de la plazoleta cercana al muelle.

Ningún recorrido por la costa oeste está completo sin una visita al **Cabo de São Vicente,** que se encuentra a un corto viaje en coche hacia el noroeste. Las vistas desde lo alto del acantilado son realmente impresionantes.

Playas

**Praia do Camilo,
cerca de Lagos**

1. Praia do Camilo, Lagos
D5

Camilo es una de las playas más pintorescas del Algarve. Es un lugar maravilloso enmarcado por un conjunto de farallones de arenisca y un laberinto de cuevas y grutas.

2. Praia do Amado, Carrapateira
B4

Una de las favoritas de los surfistas que acuden atraídos por las olas atlánticas que azotan esta extensa playa.

3. Praia de Odeceixe, Aljezur
C1

El río Seixe discurre por esta franja de arena escondida en la costa más septentrional del Algarve, cerca de la frontera con el Alentejo.

4. Praia da Figueira, Figueira
C5

A esta playa rodeada de acantilados rojizos solo se accede a pie, y se llega por un estrecho sendero que serpentea por un bonito valle.

5. Praia do Burgau, Burgau
C5

Esta playa, situada a unos 15 minutos en coche del puerto deportivo de Lagos constituye uno de los mejores emplazamientos de la zona para bucear tanto con tubo como con botella. Está junto al complejo vacacional Burgau y protegida a ambos lados por elevados acantilados

6. Praia do Martinhal, cerca de Sagres
B6

Otra playa para practicar windsurf, con sus doradas arenas bañadas suavemente por las aguas del océano. Disfruta de una buena ubicación cerca de la ciudad de Sagres.

7. Praia do Beliche, cerca de Sagres
B6

El empinado descenso por el sendero que recorre el acantilado recompensa con una maravillosa franja escondida de arena virgen. No es demasiado visitada debido a su complicado emplazamiento.

8. Praia da Luz
C5

Una playa con un fácil acceso a las instalaciones del complejo vacacional. Aunque se llene, siempre hay un espacio libre, sobre todo en su extremo oriental.

9. Praia de Monte Clérigo, Aljezur
C2

Otra de las playas preferidas entre los surfistas experimentados y los turistas con un espíritu más independiente. Un paisaje solitario con grandes olas.

10. Meia Praia, Lagos
D5

Sus 4 km la convierten en una de las playas más largas del Algarve con espacio para los que desean tomar el sol, los windsurfistas y los que practican esquí acuático.

Deportes acuáticos

1. Buceo
Se pueden explorar cuevas, cañones, arrecifes y naufragios. Blue Ocean Divers (*blue-ocean-divers.eu*) ofrece buceo nocturno, safaris de esnórquel y cursos con certificación de la PADI hasta el nivel profesional.

2. Windsurf
Los vientos de Meia Praia permiten a los surfers perfeccionar sus habilidades en una zona de aguas abiertas. Algarve Watersport (*algarvewatersport.com*), en Lagos, ofrece lecciones y cursos con instructores certificados.

3. Coasteering
El coasteering consiste en subir acantilados, nadar en cuevas y desplazarse a través de caminos de la costa. Es una manera de explorar el tramo entre Lagos y Sagres. Coastline Algarve (*coastlinealgarve.com*) organiza recorridos con instructores expertos.

4. Kitesurf
En este deporte se comienza surfeando pero rápidamente se sube por los aires. La mejor época para practicarlo es entre mayo y octubre, y los lugares perfectos son las aguas en calma que hay junto a Lagos y a Alvor. La escuela de surf Extreme Algarve (*extremealgarve.com*), en Lagos, da clases.

5. Navegar
La costa atlántica y las aguas del interior del Algarve ofrecen excelentes condiciones para la navegación. Hay muchas escuelas en la región. Southwest Boats (*southwestboats.pt*), en Lagos, alquila yates y organiza vacaciones en barco.

6. Pesca mayor
Hay varias empresas de deportes de pesca, como Pescamar Big Game Fishing (*pescamar.info*), que usan barcos con aparejos a la última y sillas de combate para pescar tiburones y peces espada.

7. Paddlesurf
Desplazarse practicando paddlesurf de pie es uno de los métodos más novedosos para explorar la costa. También se puede hacer de noche usando unos sistemas de iluminación bajo el agua. La tienda de surf Jah Shaka (*jahshakadurf.com*) organiza recorridos al amanecer y al atardecer.

8. Esquí acuático
La bahía de Praia da Luz, muy protegida del viento, es el lugar ideal para aprender las maniobras básicas, practicar el cruce de estelas y probar las salidas desde aguas profundas. Beach Hut Watersports (*beachhutwatersports.com*) cuenta con instructores para todos los niveles.

9. Kayak
Hacer kayak es una forma divertida de recorrer las playas escondidas a las que solo se accede desde el mar. Kayak Explorers (*lagoskayakexplores.com*) tiene excursiones a los alrededores de Ponta da Piedade (*p. 34*).

10. Surf
Praia de Monte Clérigo y Praia do Castelejo son perfectas para surfear (*p. 61*). Hay campamentos y escuelas de surf por la zona. Arrifana Surf School (*arrifanasurfschool.com*) da lecciones y suministra el equipo.

Surfeando en una de las playas de la costa oeste

Compras

1. Rua Cândido dos Reis/Rua 25 de Abril, Lagos
📍 D5

Son las dos calles más animadas de la ciudad, en las que los compradores pueden curiosear en sus múltiples tiendas y *boutiques* en busca de joyas, artesanía y moda.

2. Casa Maio - Artesanato
📍 E3 🏠 Rua Pé da Cruz 5, Monchique

Uno de los pocos lugares del Algarve en el que se pueden comprar *cadeiras de tesoura*, las tradicionales sillas de madera plegables hechas a mano siguiendo el antiguo diseño romano.

3. Mar d'Estórias
📍 D5 🏠 Rua Silva Lopes 30, Lagos
🌐 mardestorias.com

Este espacio multifuncional es algo más que un restaurante y tiene una tienda que vende artículos locales y piezas creadas por artesanos portugueses.

4. Atelier Loja Casa Mãe
📍 D5 🏠 Rua do Jogo da Bola 41, Casa Mãe, Lagos 🌐 casa-mae.com

Tienda situada en el hotel Casa Mãe con una cuidada selección de joyas de diseño, ropa y calzado.

5. Lagos Surf Center
📍 D5 🏠 Rua Silva Lopes 31, Lagos
📱 do 🌐 lagossurfcenter.com

Distribuidor de las mejores marcas y de todo el equipamiento que se pueda necesitar para practicar surf. El personal puede organizar clases de surf, excursiones, así como buscar alojamiento.

6. Supermercado Baptista
📍 C5 🏠 Montes da Luz, Praia da Luz
🌐 baptista.shop

Baptista es famoso por sus productos frescos de la región. Los sábados se celebran ocasionalmente demostraciones de cocina, seguidas de una degustación.

7. Sagres Natura Surf Shop
📍 B6 🏠 Rua de São Vicente, Sagres

Ropa de surf de primeras marcas, tablas y accesorios. Cuenta también con escuela de surf, alquiler de kayaks y bicicletas de montaña.

8. Olaria Nova
📍 D5 🏠 Rua 25 de Abril 37, Lagos

Taller de cerámica familiar que ofrece piezas hechas a mano en el centro de Lagos.

9. Mercado da Avenida
📍 D5 🏠 Avenida dos Descobrimentos, Lagos 🕐 8.00-14.00 lu-sá

Animado mercado de pescado con un restaurante en la azotea y espléndidas vistas sobre el puerto.

10. Intermarché
📍 B6 🏠 ER268, Sagres

Situado en la carretera principal hacia Sagres, es el lugar idóneo para aprovisionarse de comida, bebida y todo tipo de artículos para el aseo. También venden ropa, zapatos, herramientas y menaje. Hay un café para tomar algo.

Una zona concurrida de Rua 25 de Abril, Lagos

Dónde comer

Exterior de Vila Velha, Sagres

PRECIOS

Una comida de tres platos con media
botella de vino (o equivalente), servicio
e impuestos incluidos.

€ menos de 30 € · €€ 30-50 € · €€€ más de 50 €

1. Restaurante Chico Zé, Odiáxere
📍 D4 🏠 EN125, Odiáxere 📞 (282) 798
205 🕐 Cenas y do · €€
Un restaurante especializado en platos
de carne y pescado. Hay que llegar
pronto porque puede llenarse.

2. Vila Velha, Sagres
📍 B6 🏠 Rua Patrão António Faustino,
Sagres 🕐 Mediodía, ju; 1 ene-13 feb;
jun-oct: lu; primeras tres semanas dic
🌐 vilavelha-sagres.com · €€
La ensalada de remolacha con vinagreta
de frambuesa y queso de cabra es una
entrada muy popular en este restaurante, que también tiene una excelente
selección de platos de carne y pescado.

3. Mullen's, Lagos
📍 D5 🏠 Rua Cândido Reis 86, Lagos
📞 (918) 480 071 🕐 Mediodía, med
ene-feb · €
Popular restaurante con excelente comida
y ambiente acogedor. Con mucha perso-
nalidad y un servicio amable, prepara
deliciosa carne de buey al estilo de
Mozambique. Se puede solicitar
comida vegetariana por anticipado.

4. Three Little Birds, Sagres
📍 B6 🏠 Rua do Mercado, Sagres
🕐 ma y mi 🌐 tlb.pt · €€
Este restaurante, que dispone de
opciones vegetarianas, es un pequeño
paraíso en el extremo de Europa. Sus
platos son excelentes, desde hambur-
guesas de primera a cocina casera.

5. No Pátio, Lagos
📍 D5 🏠 Rua Lançarote de Freitas 46,
Lagos 📞 (282) 763 777 🕐 Mediodía, do
y lu, última semana nov · €€
Restaurante al aire libre muy popular
entre los amantes de la buena comida.

6. Cabrita, Carrapateira
📍 B4 🏠 8670-230 Bordeira Carrapateira 📞 (282) 973 128 🕐 mi, dic · €
Este restaurante, situado cerca de Praia
do Amado *(p. 106),* sirve excelentes
pescados y mariscos frescos.

7. Bica Boa, Monchique
📍 E3 🏠 Estrada de Lisboa 266,
Monchique 📞 (282) 912 271 · €
Si hace buen tiempo, se recomienda la
terraza, el entorno es idílico.

8. Adega Vila Lisa, Mexilhoeira Grande
📍 D4 🏠 52 Rua Francisco Bivar,
Mexilhoeira Grande 🕐 Comidas, oct-
jun: do-ju 🌐 adegavilalisa.com · €€
Una joya rural que sirve exquisita
cocina tradicional.

9. A Eira do Mel, Vila do Bispo
📍 B5 🏠 Estrada do Castelejo, Vila do
Bispo 📞 (917) 555 669 🕐 do y lu · €€
Restaurante rural que ofrece productos
de proximidad y una deliciosa *cataplana*
con langostinos salvajes del Atlántico.

10. Mirandus, Lagos
📍 D5 🏠 Boutique Hotel Vivenda
Miranda, Porto de Mós, Lagos
🕐 Nov-mar 🌐 vivendamiranda.
com/restaurant-mirandus · €€
Un restaurante *gourmet* que posee
magníficas vistas del océano.

Recorriendo en paddlesurf la Ponta da Piedade, Lagos

EL ALENTEJO

Las llanuras y el calor abrasador de los veranos caracterizan gran parte de esta provincia del norte del Algarve. Las retorcidas viñas se abren paso por enormes extensiones de tierra y gran parte del terreno quemado por el sol está salpicado de alcornocales y olivos. Los pueblos encalados están rodeados de viñas de color esmeralda que crecen sobre suelos ocre. Hacia el norte, las fortalezas medievales cuelgan sobre los escarpados montículos de granito. Bajando hacia la costa se descubren playas de arenas doradas junto a los complejos vacacionales que despiertan en verano.

- **1** Imprescindible
  p. 113
- ① Dónde comer
  p. 119
- ① Compras
  p. 117
- ① Y además...
  p. 116
- ① Bodegas
  p. 118

Para alojamientos en la zona, ver p. 113

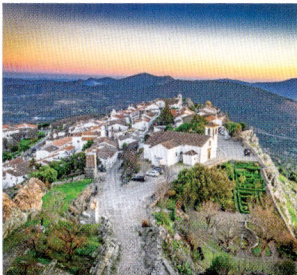

Casas encaladas, Marvão

1 Marvão
🛈 Rua de Baixo 12; (245) 909 131

Esta aldea medieval, conocida como el Nido del Águila entre sus habitantes, disfruta de un impresionante emplazamiento. Unas sinuosas murallas del siglo XIII rodean este pueblo en el que unas cuidadas callejuelas adoquinadas serpentean junto a casitas enlucidas, una iglesia, jardines y un entrañable museo. El castillo ofrece unas impresionantes vistas de la Serra de Marvão y tierras limítrofes.

2 Castelo de Vide
🛈 Praça Dom Pedro V; (245) 908 227

La parte más interesante de esta bonita ciudad es su vieja judería, que desciende desde el castillo del siglo XIII (al que debe su nombre la localidad) por medio de un laberinto de calles empinadas. La sinagoga (también del siglo XIII) se alza en lo alto de una inclinada vía, que también desciende hasta la Fonte da Vila, construida en mármol en el siglo XVI.

3 Vila Viçosa
🛈 Praça da República; (268) 889 317

Vila Viçosa se convirtió durante el siglo XV en la sede de los duques de Bragança. En la actualidad la ciudad es conocida sobre todo gracias a su espléndido Paço Ducal. El pueblo destaca por las murallas, las coloridas casas de campo, dos excelentes museos y la iglesia de Nossa Senhora da Conceiçao.

4 Évora
🛈 Praça do Giraldo 73; visitevora.net

El casco histórico de Évora, capital del Alentejo, ha sido declarado Patrimonio de la Humanidad por la Unesco. El casco antiguo está repleto de arquitectura romana, árabe, medieval y del siglo XVII. En su céntrica Praça do Giraldo se alza una fuente del siglo XVI. Un paseo desde la plaza subiendo por Rua 5 de Outubro conduce hasta su grandiosa Sé (catedral). El anejo palacio del siglo XVI alberga el Museu de Évora. Adega Cartuxa es una cita obligada para los amantes del vino, donde pueden probar un vino clásico portugués (*p. 118*).

La animada Praça do Giraldo, Évora

Pieza de cerámica en el Museu Islâmico, Mértola

5 Mértola
ℹ️ Rua da Igreja 31; visitmertola.pt

El casco antiguo de Mértola, declarado *vila museu* (ciudad-museo), está dividido en zonas de interés histórico. Cada una refleja un periodo de la historia de la localidad: fenicios, romanos, visigodos y árabes disfrutaron de su posición estratégica junto al río Guadiana. Varios museos exponen tesoros de cada época, aunque la colección más impresionante que se puede visitar se muestra en el Museu Islâmico.

6 Monsaraz
ℹ️ Rua Direita; (266) 508 177

Los viñedos rodean Monsaraz, cuyo nombre se identifica con algunos de los mejores vinos lusos. Desde las murallas de granito del castillo del siglo XIII se contempla el enorme lago artificial que ha transformado el paisaje. Al atardecer el sol cubre de tonos naranjas la superficie del agua. La Igreja Matriz se alza sobre callejuelas con casas bajas y restaurantes.

7 Vila Nova de Milfontes
ℹ️ Rua António Mantas; (283) 996 599

Este pueblo costero contrasta con el soleado interior de Alentejo. El casco antiguo es una mezcla de callejuelas empedradas y casas de campo encaladas junto a un fuerte marino del siglo XVI. Las playas, que están casi vacías fuera de temporada, son muy populares durante el verano.

8 Elvas
ℹ️ Praça da República; (268) 622 236

Unos bastiones pentagonales, paredes en forma de estrellas y grandes fosos rodean esta ciudad fronteriza con España. Las fortificaciones del siglo XVII se encuentran entre las mejores de Europa y son Patrimonio de la Humanidad. Se ven mejor desde el castillo de finales del siglo XV. Elvas

Interior del Convento de Nossa Senhora da Conceição, Beja

también es conocida por el Aqueduto da Amoreira, el Forte de Santa Luzia y el Forte da Graça.

9 Beja

🛈 Dentro del castillo, Largo Dr Lima Faleiro; (284) 311 913

Esta activa ciudad agrícola es la capital del Baixo Alentejo. Es un importante productor de vino, aceite y corcho, que se cultivan en sus llanuras. Cuenta con un rico pasado que se refleja en los diferentes edificios que componen el museo. El Convento de Nossa Senhora da Conceição, por ejemplo, alberga el Museu Regional, cerrado por reforma hasta 2026, mientras que la iglesia más antigua de la ciudad, la de Santo Amaro del siglo VI, es la sede del Museu Visigótico. La original Torre de Menagem (torre del homenaje) se remonta a finales del siglo XIII.

10 Serpa

🛈 Rua dos Cavalos 19; (284) 544 727

El castillo árabe, reconstruido en el siglo XIII, domina las animadas plazas y calles de Serpa, con sus casas encaladas. Sobre las murallas se ubica el acueducto y la monumental Porta de Beja, junto a una noria. El castillo domina el espacio intramuros y sus murallas ofrecen unas vistas panorámicas. Por último, hay que probar algo de *queijo Serpa,* un queso cremoso de oveja.

El restaurado Forte da Graça, Elvas

UN DÍA EN ÉVORA

Mañana

La jornada comienza con un café y una *queijada* (tarta de queso) en el **Café Arcada,** en la Praça do Giraldo 7. Un paseo por **Rua 5 de Outubro,** llena de tiendas de artesanía, te conduce a la **Sé** (*p. 113*). A ambos lados del pórtico hay esculturas del siglo XIV y, una vez en el interior, subiendo al tesoro, puedes ver una imagen de la Virgen del siglo XIII tallada en marfil. Junto a la catedral se encuentra el **Museu de Évora,** que guarda un políptico flamenco del siglo XVI, *La vida de la Virgen.*

Al otro lado de la plaza se elevan las columnas corintias de granito del **Templo Romano.** A poca distancia andando se ubica el **Palácio Duques do Cadaval,** donde puedes adquirir algo para comer en **Cavalariça** (cavalarica.com).

Tarde

La segunda parte del día comienza en la **Igreja de São Francisco,** del siglo XVI, de estilo gótico manuelino. El principal reclamo de la iglesia es la Capela dos Ossos (capilla de los Huesos), donde se conservan los esqueletos de unos 5.000 monjes alineados en muros y columnas.

Después, puedes recorrer el **Jardim Público de Évora,** donde viven pavos reales. Otra opción es salir de las murallas para ir a la bodega Adega Cartuxa (*p. 118*). Conviene que hagas reserva para visitar el viñedo y la bodega.

Y además...

1. Évoramonte
Las murallas de su castillo están adornadas con piedras en forma de sogas y ofrecen buenas vistas. Évoramonte fue el lugar en que Dom Miguel cedió el trono el 26 de mayo de 1834.

2. Estremoz
Las figuras de cerámica hechas a mano de Estremoz son un descubrimiento espectacular y han sido declaradas Herencia Cultural Intangible de la Humanidad por la Unesco. Se pueden ver algunas en Irmãs Flores *(Largo da República 32).*

3. Crato
El Mosteiro de Flor da Rosa fue la sede de la orden de los hospitalarios del siglo XIV y ahora es una *pousada* histórica. Las exposiciones del Museu Municipal *(visitalentejo.pt)* explican el ilustre pasado de Crato.

4. Arraiolos y Pavia
Arraiolos es famosa por su alfombras hechas a mano. El centro de interpretación en la Praça do Município alberga una buena colección. En Pavia se levanta una capilla construida en un dolmen, algo único en Portugal.

5. Crómlech de Almendres, Guadalupe
El círculo de piedras del crómlech de Almendres es considerado el conjunto

Piedras elípticas en el crómlech de Almendres, Guadalupe

megalítico más importante de la península ibérica. Cerca está el dolmen neolítico de Zambujeiro.

6. Viana do Alentejo
Este remanso famoso por sus manantiales alberga un castillo del siglo XIV y una iglesia fortificada. Celebra la fiesta de la Romaria a Cavalo a finales de abril.

7. Serra de São Mamede
Reserva natural hogar de gran variedad de vida salvaje. Entre sus habitantes se encuentran el águila de Bonelli, el roquero solitario, la jineta y la rana partera.

8. Portalegre
El Museu Guy Fino *(cm-portalegre.pt),* así llamado en honor al fundador de la última fábrica de tapices de Portalegre, expone algunos de los más hermosos ejemplos de tapices contemporáneos de Europa.

9. São Pedro do Corval
Docenas de pequeñas *olarias* (tiendas-taller de cerámica) flanquean las calles de este pequeño pueblo. Se considera el mayor centro de cerámica de Portugal.

10. Barragem de Alqueva
Aquí se encuentra el lago artificial más grande de Europa. En el puerto de Amieira hay barcos-casa para pasar las vacaciones, mientras que el Centro Náutico de Monsaraz ofrece variedad de deportes acuáticos.

Compras

Vistosos recuerdos en
Rua 5 de Outubro, Évora

1. Divinus Gourmet, Évora

⌂ Mercado Municipal de Évora, Praça
1 de Maio ⏱ sá y do tarde

Se vende una deliciosa selección de
más de 500 productos *gourmet*, como
chocolates, mermeladas, patés y vinos.

2. Mercearia Gadanha, Estremoz

⌂ Largo Dragões de Olivença 84
⏱ lu, ma y do tarde

En esta tienda venden tradicionales
quesos de cabra y oveja, aceitunas,
jamones y las famosas ciruelas
conservadas de la ciudad. También
cuenta con una selección de tés y vinos.
El restaurante del hotel abre al
mediodía y por la noche.

3. Mercearia de Marvão, Marvão

⌂ Rua do Espírito Santo 1
⏱ lu y do tarde

Bajo el mismo techo se encuentran un
supermercado, una tienda de artesanía
y una taberna. Venden mermeladas,
tortas, miel, vinos y licores, así como
recuerdos.

4. Coisas de Monsaraz, Monsaraz

⌂ Largo do Castelo 2

En esta simpática y pequeña tienda de
arte y artesanía que se esconde entre
las murallas del castillo se puede
comprar una gran variedad de artículos.

5. Terrius

⌂ Rua Nova 9, São Brás do Regedouro
⏱ sá y do Ⓦ terrius.pt

Este espléndido centro de interpretación cultural y ambiental se centra en los
productos de la región y ofrece talleres
de cocina y de artesanía del corcho.

6. Mercado Municipal, Vila Viçosa

⌂ Largo D. João IV ⏱ 7.30-13.00
ma-do (desde 7.00 mi y sá)

Situado en un moderno complejo del
centro de Vila Viçosa, este mercado
cuenta con mayor animación los
sábados por la mañana cuando está
repleto de frutas y verduras frescas,
además de una amplia selección de
pescados.

7. Portas de Mértola, Beja

Esta animada zona peatonal está llena
de tiendas y cafeterías tradicionales,
así como las Maltesinhas y el Café Luiz
da Rocha.

8. Casa de Artesanato, Serpa

⌂ Rua dos Cavalos 33 ⏱ 9.00-19.00
diario

Tienda llena de objetos artesanales,
desde ollas a zapatos, bolsos y mantas.
La miel, los quesos, los embutidos y el
aceite de oliva hacen que la comida
campestre sea sabrosa.

9. Rua de Alcamim, Elvas

Es una calle peatonal con floristerías,
tiendas de música, zapaterías y la
artesanía habitual. Un lunes sí y otro no
hay mercado en el Parque da Piedade.

10. Rua 5 de Outubro, Évora

Flanqueada de *artesanatos* (tiendas de
artesanía), está repleta de cerámicas,
tallas de corcho, *cataplanas* de cobre,
sillas pintadas a mano y otros objetos
curiosos. El segundo martes de mes se
celebra un mercado al aire libre en el
Rossio de São Brás, fuera de las
murallas de la ciudad.

Los viñedos en espaldera de Adega Mayor

Bodegas

1. Herdade do Esporão
⌂ Herdade do Esporão, Reguengos de Monsaraz 📞 (266) 509 280 🕐 Solo visita guiada: 11.00 diario 🖥
Se pueden ver los viñedos, la bodega y el complejo arqueológico Perdigões.

2. Adega Cartuxa
⌂ Quinta de Valbom, Estrada da Soeira, Évora 📞 (266) 748 383 🕐 Visita guiada: 10.30, 11.30, 15.00 y 16.30 🖥
En esta histórica bodega se elabora el famoso Pêra-Manca. Alberga una prensa de vino de 1776. 🖥

3. Herdade da Malhadinha Nova
⌂ Albernôa, Alentejo 📞 (284) 965 210 🕐 Visita guiada: 10.00-12.00 y 14.30-16.00 lu-sá 🖥
Además de visitar los viñedos y la bodega, se anima a observar las etiquetas de los vinos, diseñadas por los hijos de los propietarios.

4. Herdade dos Grous
⌂ Albernôa, Alentejo 📞 (284) 960 000 🕐 Visita guiada: 11.00 y 16.00 diario 🖥
La visita sigue con una cata en el bar.

5. João Portugal Ramos
⌂ Vila Santa, Estremoz 📞 (268) 339 910 🕐 Visita guiada: 9.00-18.00 lu-vi, 10.00-18.00 sá 🖥
Esta respetada bodega ofrece visitas, comidas y catas.

6. Adega Mayor
⌂ Herdade das Argamassas, Campo Maior 📞 (268) 699 440 🕐 Solo visita guiada: 10.00-13.00 y 15.00-18.00 diario 🖥
Esta bodega alberga una sala de cata con vistas al lago y España.

7. Cortes de Cima
⌂ Vidigueira, Alentejo 📞 (284) 460 067 🕐 Visita guiada: 9.00-12.00 y 13.00-16.30 lu-vi 🖥
Las catas guiadas van acompañadas de aceite de oliva y pan, y se realizan en una sala con vistas a los viñedos.

8. Herdade do Mouchão
⌂ Casa Branca Sousel, Portalegre, Alentejo 📞 (268) 530 210 🕐 Visita guiada: 10.00-12.00 y 15.00-17.00 lu-vi 🖥
Esta *adega* produce *aguardiente* y vino desde el siglo XIX.

9. Dona Maria
⌂ Quinta do Carmo, Estremoz 📞 (268) 339 150 🕐 Visita guiada: lu-vi 🖥
Una pintoresca bodega con una capilla del siglo XVIII y unos hermosos jardines.

10. Adega José de Sousa
⌂ Rua de Mourão 1, Reguengos de Monsaraz, Alentejo 📞 (918) 269 569 🕐 Visita guiada: 15.00 y 17.00 diario (abr-oct: también 11.00) 🖥
Famosa por su impresionante bodega de ánforas de arcilla bajo un techo románico, es una de las bodegas más singulares del mundo.

Dónde comer

1. Gadanha Mercearia
⌂ Largo Dragões de Olivença 84a, Estremoz 🕐 lu, cenas ma y do Ⓦ merceariagadanha.pt · €€

Este lugar rústico tiene una vinoteca y una tienda de alimentación con productos de la región.

2. Fago
⌂ Travessa da Praça 2A, Marvão 🕐 lu-mi, mediodía ju y vi y cenas do Ⓦ fagomarvao.com · €€

Empleando ingredientes locales el chef reinventa sin cesar el menú en Fago, en uno de los pueblos montañosos más hermosos de Portugal.

3. Venda Azul
⌂ Rua Vitor Cordon, Estremoz ☎ 961 941 394 🕐 do y lu · €

Animado restaurante en Estremoz en el que todo gira en torno al cerdo ibérico.

4. A Pipa
⌂ Rua da Moeda 8, Beja ☎ (284) 327 043 🕐 do · €

El cerdo asado es uno de los platos de este restaurante rústico.

5. Restaurante Alentejano
⌂ Praça da República, Serpa ☎ (284) 544 335 🕐 do, lu y jul · €

Para disfrutar del auténtico sabor del Alentejo se recomienda pedir el *ensopado de borrego a pastora* (estofado de cordero a la pastora).

PRECIOS

Una comida de tres platos con media botella de vino (o equivalente), servicio e impuestos incluidos.

€ menos de 30 € €€ 30-50 € €€€ más de 50 €

6. Xarez
⌂ Rua de Santiago 33, Monsaraz ☎ (266) 557 052 🕐 ju, ene y mediodía en verano · €

En este elegante restaurante se sirve comida regional. Desde la terraza hay vistas espectaculares.

7. Fialho
⌂ Travessa das Mascarenhas 16, Évora 🕐 lu, jun y jul Ⓦ restaurantefialho.pt · €€

Las especialidades de este restaurante incluyen el *cação de coentrada* (cazón con salsa de cilantro). Es necesario reservar con antelación.

8. Os Cucos
⌂ Mata Municipal, Vila Viçosa 🕐 lu, prin ago Ⓦ cucos.pt · €

Este restaurante situado en unos jardines frondosos y con sombra ofrece un menú diario, normalmente de suculenta comida del Alentejo. También tiene una terraza abierta.

9. Solar do Forcado
⌂ Rua Cândido dos Reis 14, Portalegre ☎ (245) 330 866 🕐 do y mediodía sá · €€

Las especialidades de este agradable restaurante tradicional en el casco antiguo de la ciudad son brochetas de carne de toro y el cerdo de pata negra. Es aconsejable reservar.

10. Sahida
⌂ Rua José Fernandes Caeiro 5, Monsaraz ☎ (968) 808 075 🕐 Mediodía, lu y ma · €

Restaurante de cocina del Alentejo; desde la terraza se disfruta de excelentes vistas del lago Alqueva.

Confit de jamón ibérico y bacalao, Gadanha Mercearia

DATOS ÚTILES

Letreros de señalización en Praia de São Rafael

CÓMO LLEGAR Y MOVERSE

Ya sea un viaje a un destino playero o un retiro rural en el interior, aquí está toda la información necesaria para recorrer el Algarve como un profesional.

CONSEJO

Merece la pena adquirir un abono de transporte en lugar de billetes individuales si la idea es moverse por la zona.

LÍMITES DE VELOCIDAD

AUTOPISTA	AUTOVÍA
120 km/h	**100** km/h

CARRETERA SECUNDARIA	ZONAS URBANAS
90 km/h	**50** km/h

Llegada en avión

El punto de entrada y salida más habitual para quien va al Algarve en avión es el **Aeropuerto internacional de Faro,** 6 km al oeste de la ciudad. Opera vuelos domésticos e internacionales de toda Europa. La compañía aérea nacional de Portugal, **TAP Portugal,** presta servicios diarios entre las ciudades de Faro, Lisboa y Oporto.

La página web del aeropuerto ofrece las llegadas y salidas programadas. El aeropuerto tiene una buena conexión de transporte con el centro de la ciudad. Los autobuses 14, 15 y 16 van diariamente al centro y salen cada hora desde las 5.00 hasta las 23.00. Desde el aeropuerto, un taxi al centro debería costar entre 14 y 16 € y tarda entre 20 minutos y media hora.

Aeropuerto internacional de Faro
🆆 aeroportofaro.pt
TAP Portugal
🆆 flytap.com

Viajes de tren internacionales

En tren hay dos vías de entrada a Portugal. El tren Celta, que opera **Renfe,** une Oporto con Vigo en dos horas y media. Una vía menos directa implica viajar desde Madrid, pasando por Badajoz, y hasta Lisboa. El tiempo total son unas 10 horas y hay que comprar dos billetes: uno para la red portuguesa, **Comboios de Portugal (CP),** y otro para Renfe. Desde Lisboa se puede llegar en alta velocidad a Faro.
CP
🆆 cp.pt
Renfe
🆆 renfe.com

Trenes regionales

Faro, la ciudad más grande del Algarve, es el núcleo de transportes de la región. La **estación de tren de Faro** está en Largo da Estação, cerca del puerto. Comboios de Portugal (CP) gestiona todos los trenes: el Alfa Pendular (AP) de alta velocidad, diario, los servicios Intercity (IC) desde Lisboa, Oporto y Braga terminan aquí.

Se puede escoger viajar en *conforto* (primera clase) o *turística* (segunda clase). Es obligatorio reservar asiento, aunque la reserva está incluida en el precio del billete.

Los billetes para los trenes de AP e IC pueden reservarse hasta 30 días antes. El precio baja si se compra por adelantado (al menos cinco días) y si se adquiere el pasaje de vuelta. Existe un descuento del 50 % para niños entre 4 y 12 años (los menores de 4 viajan gratis) y para los mayores de 65. Quienes tengan carné de estudiante también gozan de descuentos. Para beneficiarse de una rebaja, es necesario presentar la documentación.

Faro también está en la línea de ferrocarril del Algarve, que va desde Lagos, en el oeste, hasta Vila Real de Santo António, junto a la frontera española. Aunque es lento, el servicio es barato y se puede comprar el billete en el propio tren en caso de que las taquillas estén cerradas.

Si se va a utilizar el tren regularmente, quizá convenga comprar una tarjeta turística con descuento para dos días (21,90 €) o para tres días (32,90 €), que permite viajar sin límite en ese margen de tiempo. Ambas se adquieren en las estaciones más grandes de todo el Algarve.

Estación de tren de Faro
📞 (808) 109 110

Autobuses de larga distancia

Viajar hasta Portugal en autocar es barato, pero exige tiempo. **Flixbus** ofrece varias rutas al país desde destinos europeos como Madrid y París.

Hay un servicio de autobuses rápidos que van al Algarve desde diversas ciudades de Portugal. Las dos principales empresas de transporte de pasajeros son EVA Transportes y Rede Expressos. Los billetes se pueden comprar el mismo día del viaje en las taquillas (no al conductor), pero es prudente reservar, especialmente en verano.

EVA Transportes
🌐 eva-bus.com
Flixbus
🌐 global.flixbus.com
Rede Expressos
🌐 rede-expressos.pt

Autobuses regionales

Las principales compañías de autobuses del Algarve son **Frota Azul Algarve, Próximo** y Eva Transportes. Todas ofrecen servicios regionales eficientes entre las principales ciudades de la costa y el interior. Pero algunos autobuses rurales son lentos, sobre todo en verano por el tráfico. Siempre hay que levantar el brazo cuando se aproxime el autobús y fijarse en que, de manera muy confusa, las señales de parada *(paragem)* pueden estar en el lado opuesto de la carretera, en la dirección contraria del trayecto que se desea realizar.

EVA Transportes tiene una tarjeta turística que ofrece viajes ilimitados durante tres días (35 €) y siete días (46 €) por su extensa red de autobuses.

Frota Azul Algarve
🌐 frotazul-algarve.pt
Próximo
🌐 proximo.pt

Transporte público

En casi todas las zonas urbanas los autobuses bastan como medio de transporte público exclusivo. Son de gestión privada y hay varias compañías que prestan servicio entre ciudades. Sin embargo, la mayoría de las ciudades de la región, incluida Faro, son bastante compactas y se puede llegar andando a todas partes.

TRANSPORTE AL AEROPUERTO INTERNACIONAL DE FARO		
Transporte	**Tiempo de trayecto**	**Precio**
Autobús	20-25 minutos	2,25 €
Taxi	20-30 minutos	14-16 €

Próximo (*p. 123*), el principal proveedor de transporte público de Faro, gestiona una red de autobuses urbanos que une el centro con el aeropuerto, la playa (Praia de Faro) y los diferentes barrios. Horarios, planos, tarifas y medidas de seguridad e higiene se pueden consultar por Internet. Hay que tener en cuenta que muchas líneas no funcionan por la noche o los fines de semana.

Para salir de los límites de Faro hay que subirse a uno de los servicios de autobuses regionales, que tienen un precio razonable.

Taxis
Los taxis, una opción relativamente barata, se usan mucho en el Algarve. El precio de salida de un taxi parado en la calle, o contratado en una parada, es de 3,25 €. Si se llama a un taxi por teléfono, hay que pagar una tasa extra de 80 céntimos. También pueden cobrar cargos adicionales por llevar equipaje y las tarifas se incrementan un 25 % desde las 21.00 a las 6.00, los fines de semana y los festivos. Las tarifas aparecen publicadas dentro del taxi. No siempre es rentable hacer distancias cortas, porque normalmente tienen tarifas fijas. Fuera de las ciudades los trayectos en taxi se cobran por kilómetros, por lo que es mejor establecer un precio de antemano. Las propinas son discrecionales, aunque lo habitual es pagar entre un 5 y 10 % de la tarifa. La web del Aeropuerto internacional de Faro tiene una sección para contratar taxis.

En coche
El coche es, con diferencia, la forma más cómoda de ver todo lo que el Algarve tiene que ofrecer y da más libertad para explorar la región sin tener que recurrir a trenes o autobuses.

La completa red de autopistas de Portugal permite viajar rápido entre ciudades importantes, aunque las carreteras regionales menos transitadas pueden estar en mal estado. Conviene asegurarse de haberse familiarizado con las normas de circulación y de llevar encima siempre toda la documentación necesaria.

La autopista de peaje A2 une Lisboa y el Algarve. Los tickets se recogen en las casetas de peaje cuando se entra en la autopista y se pagan en la siguiente cabina, o al salir. El precio depende de la distancia y el tipo de vehículo. La Via Verde en los peajes es solo para conductores que tienen suscrito un sistema electrónico de prepago (algunas compañías de alquiler de coches lo ofrecen).

A menos que se desee salir en São Bartolomeu de Messines (intersección 14), si se continúa por la A2 al sur, se llega a la autopista A22 (Via do Infante). Es una autopista con peaje electrónico que usa cámaras de reconocimiento de matrículas para cobrar. Si se conduce el vehículo propio, hay tres formas de pagar. La web **Portugal Tolls** detalla los métodos. Con un coche alquilado (que no tenga suscrito un sistema electrónico de prepago) hay que pagar el uso de la autopista en una oficina de correos: con el número de registro se sabe cuánto debe. Algunas empresas de alquiler de vehículos tienen una flota equipada con transpondedores que automáticamente registran el uso de la A22. Al devolver el vehículo se carga en la tarjeta de crédito la tasa aplicable.

Otra forma de llegar en coche al Algarve es ir por la IC1. Aunque sea más lenta, la carretera es más pintoresca y evita el peaje de la A2. La A49 desde Huelva cruza el puente del río Guadiana, y se une a la A22 cerca de Vila Real de Santo António.

Portugal Tolls
w portugaltolls.com/es

Alquiler de coches
Alquilar un coche es una alternativa habitual. Hay agencias de alquiler en las principales ciudades y en los aeropuertos. Para alquilar un coche hay que ser mayor de 18 años y tener permiso de conducir en vigor desde al menos un año antes, aunque los menores de 25 años suelen

tener que pagar un recargo. Los precios bajan considerablemente en temporada baja y algunas empresas tienen ofertas especiales los fines de semana y en temporada baja. Es conveniente concertar un seguro a todo riesgo de antemano o contratar el seguro con cobertura total, más caro, que ofrecen antes de recoger el coche. La mayoría de las agencias de alquiler dan la opción de pagar todos los peajes al devolver el vehículo.

Normas de circulación

Se conduce por la derecha y solo se utiliza el carril izquierdo para adelantar a otros vehículos. Es obligatorio que todos los pasajeros lleven abrochado el cinturón de seguridad, con independencia de su edad, y utilizar el móvil mientras se conduce acarrea una multa alta.

El límite de velocidad es de 50 km/h en ciudades y pueblos, 90 km/h en carreteras secundarias y 120 km/h en autopistas. Hay que detenerse obligatoriamente en los pasos de peatones. El límite de la concentración de alcohol en sangre es de 0,5 mg/ml y se hace cumplir estrictamente. En Portugal está prohibido llevar cámaras en el salpicadero porque van contra la normativa de privacidad.

Los conductores deben llevar un triángulo de seguridad rojo, que hay que colocar 50 m por detrás del vehículo, y un chaleco amarillo fluorescente en caso de accidente o avería. La ley establece que ambos objetos deben estar en todo momento en el maletero del coche.

La asociación de automovilistas **ACP** (Automóvel Club de Portugal) tiene un servicio de averías concertado con la mayoría de las asociaciones de automovilistas internacionales. Para beneficiarse el conductor tiene que contratar la cobertura europea con su asociación. En caso de accidente, el número de emergencias es el 112. Si simplemente se trata de una avería, hay que llamar a ACP o, si el coche es alquilado, consultar las instrucciones proporcionadas por la agencia de alquiler.

Los carnés de conducir expedidos por cualquier Estado miembro de la UE son válidos en toda Europa, incluido Portugal. La policía puede solicitar el carné de identidad o pasaporte, el permiso de conducir y el seguro. También puede requerir que se muestre una prueba de la propiedad del vehículo.

ACP
w acp.pt

Alquiler de motocicletas y bicicletas

Un escúter solo es adecuado para viajes cortos; para viajar entre ciudades realmente hace falta una motocicleta. La mayoría de las agencias piden un depósito y dejar el carné de identidad o pasaporte en la agencia. Hay que tener permiso de conducir en vigor para la categoría de moto que se desee. Está prohibido conducir vehículos de 50 cc en las autopistas y es obligatorio llevar casco.

El centro de las ciudades históricas del Algarve están mal preparadas para la bicicleta, pero hay rutas muy famosas para bicicletas en las zonas más llanas y se puede alquilar una bicicleta en la mayoría de zonas urbanas y núcleos turísticos. Es mejor emprender viajes de larga distancia evitando temperaturas extremas, cuando las carreteras están menos transitadas y el calor es mucho más soportable.

A pie

El centro de los pueblos del Algarve puede recorrerse fácilmente a pie. Con su inmensa red de senderos, como la Vía Algarviana (GR13, *p. 68*) de 300 km, que une Alcoutim con el Cabo de São Vicente, el Algarve es un destino fantástico para senderistas, pero planificar e ir bien equipado es fundamental. Hay que asegurarse de llevar buenas botas para caminar, ropa adecuada y mucha agua, sobre todo si se va a estar fuera en las horas de más calor del día. Conviene decir siempre a alguien dónde se va y cuándo se tiene previsto regresar.

INFORMACIÓN PRÁCTICA

Conocer la información local ayuda a moverse con facilidad por el Algarve. Aquí están todos los consejos e información esencial que pueden resultar necesarios durante la estancia.

DE UN VISTAZO

MONEDA
Euro (EUR)

GASTO MEDIO DIARIO

BAJO	MEDIO	ALTO
35 €	70 €	+150 €

AGUA MINERAL	CAFÉ	CERVEZA	CENA PARA DOS
0,80 €	1 €	3 €	50 €

FRASES ÚTILES

Hola	Olá
Adiós	Adeus
Por favor	Por favor
Gracias	Obrigado/Obrigada
¿Habla español?	Fala espanhol?
No comprendo...	Não compreendo

ENCHUFES

Las tomas de corriente son del tipo F, como los de España. El voltaje es de 220-240 v.

Documentación

Los españoles y otros ciudadanos de la Unión Europea pueden viajar al Algarve presentando su DNI o su pasaporte. Para estancias que no superen los tres meses no se necesita visado. Se puede ampliar la información en las webs del **Ministerio de Asuntos Exteriores de Portugal** y de la **Embajada de Portugal en España**.
Embajada de Portugal en España
Ⓦ madrid.embaixadaportugal.mne. gov.pt/es/
Ministerio de Asuntos Exteriores de Portugal
Ⓦ vistos.mne.gov.pt

Consejos oficiales

Es importante tener en cuenta los consejos oficiales antes de viajar. Se pueden consultar las recomendaciones sobre seguridad, sanidad y otras cuestiones importantes tanto en la web del **Ministerio de Asuntos Exteriores de España** como en la de la **República Portuguesa**.
Ministerio de Asuntos Exteriores de España
Ⓦ exteriores.gob.es
República Portuguesa
Ⓦ portugal.gov.pt

Información de aduanas

La página web **Visit Portugal** ofrece información relativa a la legislación sobre bienes y divisas que se pueden introducir o sacar de Portugal.
Visit Portugal
Ⓦ visitportugal.com

Seguros de viaje

Es recomendable contratar un seguro completo que cubra robos, pérdida de pertenencias, problemas médicos, cancelaciones y retrasos, y leerse la letra pequeña.
   Los ciudadanos de la UE tienen derecho a atención sanitaria urgente

de modo gratuito en Portugal si presentan la **Tarjeta Sanitaria Europea (TSE).**
Tarjeta Sanitaria Europea (TSE)
🅦 seg-social.es

Vacunas
No se exige ninguna vacuna para entrar en Portugal.

Dinero
Las principales tarjetas de crédito se aceptan generalmente en grandes hoteles, comercios, restaurantes y bares. Las tarjetas de pago *contactless* están volviéndose cada vez más habituales, pero siempre conviene llevar algo de efectivo para pequeñas compras, transporte público o taxis. La forma más fácil de sacar dinero es emplear un cajero automático, conocido como Multi-banco. Casi todos aceptan las tarjetas de crédito y débito de las principales empresas de tarjetas, pero se aplicarán recargos.

Lo normal tras una cena o un trayecto en taxi es dejar una propina del 10 % aproximadamente; los mozos de hotel y las camareras de piso esperan recibir entre 1 y 2 euros por maleta o día.

Viajeros con necesidades específicas
Las laderas empinadas y las calles estrechas y adoquinadas pueden ser un reto para los viajeros con movilidad reducida. Las infraestruc-turas han mejorado en los últimos años y cada vez hay más accesos para sillas de ruedas, servicios adaptados y aparcamientos reser-vados. Hay rampas y ascensores en muchos lugares públicos. La mayoría de los lugares de interés ofrecen audioguías y dispositivos para las personas con dificultades auditivas.

MyWay es un servicio de apoyo personalizado para pasajeros de avión con movilidad limitada. El servicio se debe contratar con la compañía aérea al reservar el vuelo. A los pasajeros se les ayuda con el equipaje y son acompañados hasta, y desde, el asiento en el avión.

Las empresas turísticas como **Tourism For All** ofrecen paquetes especializados, mientras que **Accessible Portugal** es una agencia de viajes especializada en vacaciones para personas con necesidades especiales y soluciona traslados en vehículos adaptados para llevar sillas de ruedas.
Accessible Portugal
🅦 accessibleportugal.com
MyWay
🅦 flytap.com/es-es/necesidades-especiales
Tourism For All
🅦 tourism-for-all.com

Idioma
La lengua oficial es el portugués. Por lo general se habla inglés en la mayoría de las grandes ciudades y complejos turísticos, pero no se puede decir lo mismo de las zonas rurales.

Horarios
El horario comercial va de 9.00 a 13.00 y de 15.00 a 19.00 de lunes a viernes; en temporada alta suelen estar abiertos también el sábado de 9.00 a 19.00. En las localidades costeras abren más tiempo, por lo general, mientras que los bancos atienden de 8.30 a 15.00 de lunes a viernes.

Museos, monumentos, galerías y algunas iglesias suelen tener horarios propios, pero casi todos cierran los lunes y los festivos.

Las circunstancias pueden cambiar repentinamente. Antes de visitar museos, monumentos u otros lugares de interés consulte los horarios actualizados y las formalidades de reserva.

Seguridad personal

El Algarve tiene fama de ser un destino seguro y pacífico. Es muy extraño que se produzcan delitos violentos; sin embargo, el hurto es un problema en los centros vacacionales durante los meses de verano. Si se es objeto de un robo, hay que denunciar el delito en menos de 24 horas en la comisaría más próxima y llevar documento de identificación. Se debe guardar una copia de la denuncia para reclamar el seguro. Los visitantes pueden denunciar ataques, robos o pérdidas a una unidad policial específica, **Police Support Services for Tourists.** El número de emergencias es el 112.

Las playas de la región son de las mejores de Europa. La bandera roja indica que es peligroso bañarse; la amarilla significa precaución, y hay que intentar hacer pie en todo momento. Con bandera verde, no hay peligro. En aguas poco profundas es posible pisar al pez araña *(peixe-aranha)*, que tiene espinas venenosas y suele estar enterrado en la arena. En caso de pisarlo, conviene acudir al puesto de socorro más cercano o echarse agua caliente en la zona para aliviar el dolor.

Por lo general, los portugueses aceptan a todas las personas, con independencia de su raza, género u orientación sexual. La homosexualidad fue legalizada en 1982 y, en 2010, Portugal se convirtió en el octavo país del mundo en reconocer los matrimonios entre personas del mismo sexo. En caso de sentirse inseguro, **Safe Space Alliance** indica dónde encontrar un refugio cercano.

Police Support Services For Tourists
☎ (289) 590 790
Safe Space Alliance
🆆 safespacealliance.com

DE UN VISTAZO

NÚMEROS DE EMERGENCIA

URGENCIAS EN GENERAL

112

ZONA HORARIA

El horario de verano europeo (CEST) comprende desde finales de marzo hasta finales de octubre.

AGUA DEL GRIFO

A menos que se indique lo contrario, el agua del grifo de Portugal es potable.

PÁGINAS WEB Y APPS

VisitPortugal
La página web oficial de turismo de Portugal *(visitportugal.com)* ofrece información relevante sobre el Algarve y otras zonas del país.

Turismo do Algarve
Esta página ofrece información turística más detallada sobre la región *(visitalgarve.com)*.

Formosamar
Organización dedicada al ecoturismo que organiza actividades en la zona de Ria Formosa *(formosamar.com)*.

Renfe
Horarios y plano de las conexiones ferroviarias con el Algarve *(renfe.com)*.

Salud

Portugal tiene un sistema sanitario de primera. La atención médica de urgencia es gratuita para los ciudadanos europeos. Si se tiene TSE se debe mostrar cuanto antes. Tal vez haya que pagar el tratamiento y reclamar el dinero posteriormente.

En el Algarve hay tres hospitales públicos: El **Hospital de Faro,** el **Hospital de Lagos** y el **Hospital de Portimão.** El de Faro es el más grande y tiene servicios de *urgência* (urgencias). Si se precisa asistencia médica por un problema menor, se debe acudir al *centro da saúde* (centro de salud) local.

Las *farmácias* (farmacias) son fácilmente identificables por su cruz verde y se encuentran por todas partes.

Hospital de Faro
🌐 chualgarve.min-saude.pt

Hospital de Lagos
📞 (282) 770 100

Hospital de Portimão
📞 (282) 450 300

Tabaco, alcohol y drogas

Está prohibido fumar en los espacios públicos cerrados y se puede recibir una multa por hacerlo.

Todas las drogas están despenalizadas en Portugal, pero la posesión de pequeñas cantidades está considerada una cuestión de salud pública y se traduce en una amonestación o una pequena multa.

Carné de identidad

Es obligatorio por ley llevar documento de identificación en todo momento. Una fotocopia del carné de identidad o pasaporte debería bastar. Si la policía lo solicita, puede pedir que se acuda a una comisaría con el documento original.

Costumbres

Portugal conserva una identidad católica muy marcada. Se debe ser respetuoso al visitar lugares religiosos o asistir a actos, además de cubrirse hombros y rodillas.

La mayoría de las iglesias y catedrales no permiten entrar durante las horas de misa. Por lo general, la entrada es gratuita, pero hay que pagar para ver zonas como los claustros.

Un aspecto muy apreciado en Portugal es el ritmo de vida pausado. Es recomendable evitar impacientarse como peatón, en los eventos y al entablar relaciones sociales.

Turismo responsable

Hay maneras sencillas con las que el visitante puede contribuir al turismo sostenible en el Algarve. Vale la pena consumir la cocina local, usar botellas de agua y bolsas reutilizables, y no acercarse demasiado a la flora y la fauna en lugares como Ria Formosa. Hay que ser responsable con el consumo de agua para garantizar el suministro, particularmente en los meses de verano.

Teléfonos móviles y wifi

La mayoría de los teléfonos móviles tiene buena conexión en todo el Algarve. Si se viaja a Portugal con tarifas de la UE, se puede utilizar el dispositivo sin sufrir cargos de *roaming*. Los usuarios pagan datos, llamadas y SMS como en el país de origen. El código telefónico de Portugal es 351.

La wifi gratuita todavía no está muy generalizada en Portugal, pero se puede encontrar en muchos cafés, hoteles, restaurantes y bares.

Correos

El servicio postal de Portugal es CTT Correios de Portugal. Las oficinas de correos *(correios)* abren normalmente los días laborables de 9.00 a 18.00. Algunas oficinas más grandes también abren el sábado por la mañana. El correo más rápido se llama *correio azul* y el de segunda categoría se denomina *normal*. Los sellos se compran en oficinas de correos o en las tiendas que tengan un cartel de Correios.

Impuestos y devoluciones

El IVA es del 23 %. En determinadas condiciones, los ciudadanos de países no miembros de la UE pueden solicitar su devolución. Hay que hacerlo antes de comprar (mostrando el pasaporte al dependiente y cumplimentando un formulario) o presentando retrospectivamente en la aduana los recibos al salir del país.

Tarjetas de descuento

El Algarve carece de una tarjeta de descuento para toda la región, pero se puede acceder a una rebaja si se reservan las visitas a través del hotel.

DÓNDE ALOJARSE

El Algarve cuenta con todo tipo de alojamientos, desde hoteles frente al mar a estancias en fincas. Las localidades costeras como Portimão y Albufeira son ideales para quienes buscan sol y playa, mientras que para encontrar algo más relajado hay que dirigirse hacia el interior o hacia el Alentejo, en el norte de la región. Para surfear el mejor sitio es Sagres o cualquier punto de la costa oeste.

En verano hay mucha demanda hotelera y los precios suben; la primavera y el otoño, con temperaturas más suaves, son más tranquilos.

PRECIOS
Por habitación doble (con desayuno, si está incluido), impuestos y otros cargos.
....
€ menos de 100 €
€€ 100-300 €
€€€ más de 300 €

Centro del Algarve

Lemon Tree Stay

📍 K6 🏠 Travessa do Pé da Cruz 10, Faro
🌐 lemontree.pt · €€

Este soleado hotel es un oasis en el centro de Faro. El edificio se dispone en torno a un viejo limonero. Sus luminosas habitaciones, junto con el patio y la espaciosa azotea, constituyen el equilibrio perfecto entre espacio interior y exterior. Delicioso desayuno incluido en el precio.

The Modernist

📍 K6 🏠 Rua Dom Francisco Gomes 27, Faro
🌐 themodernist.pt · €€

Este alojamiento es ideal para quienes disfruten con los diseños del siglo XX. El complejo de seis apartamentos lo diseñó el arquitecto Joel Santana en la década de 1970 y, aunque ha sido reformado, conserva intacto su diseño original en los tiradores de las puertas y el mobiliario. Además del estilo, los apartamentos están equipados con cocina, y algunos con terraza. El bonito jardín es para uso de los clientes.

Pousada Palácio de Estói

📍 K6 🏠 Rua de São José, Faro 🌐 pousadas.pt · €€

A primera vista, este palacio del siglo XVIII con fachada rococó, frescos y jardines de estilo francés parece anclado en el tiempo en que se construyó para el vizconde de Estói. Pero de cerca se perciben los toques contemporáneos, como una piscina y un *spa* de lujo. Las habitaciones son modernas y menos extravagantes que el exterior.

Morgado do Quintão

📍 F4 🏠 Morgado do Quintão, Lagoa
🌐 morgadodoquintao.pt · €€€

Este viñedo de propiedad familiar no solo ofrece catas. Tras probar sus caldos, se puede dormir en alguna de las casas de campo históricas, renovadas con gusto, que salpican la finca, en la que también hay olivos.

Vila Origens Boutique Hotel

📍 G5 🏠 Rua José Bernardino de Sousa 4, Albufeira 🌐 boutique hotelalbufeira.com · €€€

Este hotel *boutique* junto a las murallas medievales de Albufeira guarda también historia en su interior. La arquitectura de Vila Origens data del siglo XIX, con elementos neoislámicos como arcos de herradura, un estanque y baños con azulejos. El hotel es solo para adultos.

Loulé Jardim Hotel

📍 H4 🏠 Praça Manuel de Arriaga, Loulé
🌐 loulejardimhotel.com · €€

A corta distancia a pie del castillo de Loulé, este hotel es ideal para recorrer la localidad. En unos minutos se llega al animado mercado y a las tiendas de artesanía. Después de las compras, se pueden llevar al hotel y relajarse en la piscina de la azotea.

Este del Algarve

Companhia das Culturas

🇵 P4 🏠 Fazenda São Bartolomeu, Rua do Monte Grande, Castro Marim 🌐 companhia dasculturas.com · €€

Con un mínimo de tres días de estancia, sin televisión y wifi solo en las zonas comunes, Companhia das Culturas es ideal para desconectar. Este paraíso para el espíritu está cerca de Castro Marim y está rodeado de frondosos árboles. Cuenta con un estudio de yoga, un *spa*, dos piscinas y bonitos senderos.

Barco Casa

🇵 M5 🏠 Avenida Dr. César Oliveira, Fuseta 🌐 barcocasa.pt · €€

Si se quiere pasar la noche en Ria Formosa, es posible hacerlo en las embarcaciones de Barco Casa. Ancladas cerca del puerto deportivo de Fuseta, permiten huir del bullicio de las localidades del Algarve. Aquí es fácil dormirse acunado por las olas, despertarse con el sonido de los pájaros y zambullirse en las aguas turquesas. Los barcos admiten entre 2 y 10 personas.

Pousada de Tavira

🇵 M4 🏠 Rua Dom Paio Peres Correia, Tavira 🌐 pousada.pt · €€

Esta *pousada*, ubicada en un convento del siglo XVI, cuenta con espaciosas habitaciones, muchas con vistas al castillo de Tavira, y una piscina. El desayuno se sirve en el antiguo claustro.

São Paulo Boutique Hotel

🇵 M4 🏠 Praça Dr. António Padinha 22, Tavira 🌐 saopauloboutique hotel.com · €€

Esta casa del siglo XVIII, fuera del casco histórico y al otro lado del río, es hoy un hotel *boutique*. Pese a que conserva la fachada histórica, el interior ha sido totalmente renovado: habitaciones impolutas decoradas con piezas de arte contemporáneo y un patio que lleva a una pequeña piscina.

Casa Modesta

🇵 L5 🏠 Quatrim do Sul, Olhão 🌐 casamodesta.pt · €€€

Este alojamiento de aspecto cúbico es un éxito entre los amantes de la arquitectura. Lo mejor es su ubicación, en medio de la naturaleza, con un sendero ciclista que lleva justo hasta la reserva de Ria Formosa, donde se pueden contemplar aves singulares y vida marina.

Pousada Vila Real de Santo António

🇵 P4 🏠 Praça do Marquês de Pombal 30, Vila Real de Santo António 🌐 pousadas.pt · €€

Este elegante hotel fue la antigua aduana de la ciudad. Cuenta con espaciosas habitaciones, piscina y su restaurante sirve *pizza* hecha en horno de leña. Desde aquí, cruzando el río en barco se llega a España.

Grand House

🇵 P4 🏠 Avenida da República 171, Vila Real de Santo António 🌐 grand housealgarve.com · €€€

Sofisticado alojamiento, el único hotel *boutique* de cinco estrellas en Vila Real de Santo António. Esta joya modernista rebosa elegancia y ofrece un servicio de primera clase. Alojarse aquí da acceso al club de playa del hotel, a su magnífico restaurante y a experiencias que van desde viajes en barco a clases de cocina.

Monte Rei Golf & Country Club

🇵 N4 🏠 Sesmarias, Apartado 118, Vila Nova de Cacela 🌐 monte-rei.com · €€€

Suele estar lleno de golfistas que acuden a su premiado campo de golf, pero el hotel es también magnífico. Los huéspedes gozan de villas privadas y tienen varios restaurantes para elegir.

Oeste del Algarve

Uma Casa à Beira Sol

⊞ D5 ⌂ Rua da Costa D'Oiro 1, Lagos ⓦ uma casaabeirasol.com· €€

Uma Casa à Beira Sol es la opción de alojamiento para quienes dudan entre piscina y playa. Este agradable hotel está a poca distancia andando de Praia Dona Ana, pero cuenta también con su propia piscina, por si no apetece darse el paseo a diario. Desde las habitaciones superiores se tienen vistas del mar.

The Lighthouse Hostel

⊞ B6 ⌂ Rua do Poente S/N, Sagres ⓦ thelight househostel.com· €

Opción favorita de surferos y senderistas que quieren hacer la Rota Vicentina. Este alojamiento es un reflejo de la sosegada vida de Sagres y es un lugar para hacer amigos en las clases de yoga, en la piscina exterior o en las barbacoas nocturnas que se organizan en la azotea.

Martinhal Sagres Resort

⊞ B6 ⌂ Quinta do Martinhal Apartado 54, Sagres ⓦ martinhal.com · €€€

Martinhal es un lugar en el que es fácil hacer amigos, y este lugar en Sagres no es una excepción. Hay áreas infantiles por todo el hotel, además de acceso a la playa, donde se puede hacer paddlesurf. El hotel cuenta también con un espacio de guardería.

Aldeia da Pedralva

⊞ B5 ⌂ Rua de Baixo - Casa da Pedralva, Vila do Bispo ⓦ aldeiada pedralva.com · €€

Este pueblo olvidado del Algarve revivió en 2010 cuando sus casas viejas fueron remozadas y transformadas en viviendas vacacionales. Cada casa tiene capacidad para hasta ocho personas. También cuenta con un agradable restaurante.

Casa-Mãe

⊞ D5 ⌂ Rua do Jogo da Bola 41, Lagos ⓦ casa-mae.com · €€€

Hotel de lujo que es ideal para refugiarse de la animación de Lagos. Es inevitable relajarse, ya sea tumbado en una hamaca en la terraza o bañándose en una de las tres piscinas. La tienda del hotel vende piezas de diseñadores portugueses y es un lugar ideal para comprar regalos.

The Lemon Lodge

⊞ C3 ⌂ Cerca dos Pomares Cxp 408M, Aljezur ⓦ thelemonlodge.com · €€€

Alojamiento ideal para quienes buscan clases de yoga con vistas, una piscina en medio de la vegetación y sauna. Este apartado hotel entre la costa de Aljezur y las montañas tiene todas las comodidades de un centro de bienestar de lujo. Todo el complejo está alimentado por energía solar.

O Castelo Guest House

⊞ E5 ⌂ Rua do Casino 59-63, Carvoeiro ⓦ ocastelo.net · €€

Además de hacer castillos en la arena, es posible alojarse en uno. Este impresionante hotel en Praia do Carvoeiro cuenta con todas las torres y almenas imaginables. Es imposible estar más cerca de la playa y la mayoría de sus habitaciones cuentan con excelentes vistas.

Salema Eco Camp

⊞ C5 ⌂ Praia da Salema, Budens ⓦ salemaeco camp.com · €

Tanto si se quiere emprender la Rota Vicentina a pie como si se quiere ir en coche hasta Sagres, este *camping* es la base ideal para recorrer la costa suroeste del Algarve. Es posible alojarse en tienda propia, en un bungaló o en un apartamento totalmente equipado. Ofrece actividades como yoga, ciclismo y surf.

Monchique Resort & Spa

⊞ E3 ⌂ Lugar do Montinho, Monchique ⓦ monchique resort.com · €€

Este hotel es la opción perfecta si se quiere huir

a la montaña pero sin prescindir de la comodidad. Tiene todo lo que se puede esperar de un hotel de cinco estrellas (un *spa*, piscinas y varios restaurantes), pero también invita a aprovechar al máximo la naturaleza, con paseos guiados en bicicleta y senderismo.

El Alentejo

Heaven Inn Évora Hostel

Rua Romão Ramalho 34-36, Évora
heaveninnhostels.com · €

Este agradable albergue es una de las opciones más asequibles para alojarse en Évora, la capital del Alentejo. Desde aquí se está cerca de los principales puntos de interés de la ciudad, como la Igreja de São Francisco, con su capilla de huesos, que se ve desde el vestíbulo.

Monte do Serrado de Baixo

Caminho Municipal 1081-2, Sr Dos Aflitos, Évora montedoserrado debaixo.com · €

En esta casa de campo de Évora se tiene de inmediato la sensación de comunidad. Los huéspedes se reúnen en torno a una mesa comunal para disfrutar de un delicioso desayuno a base de tartas caseras y té cultivado en una finca cercana. Entre los huéspedes, que suelen ser muy afables, hay devotos del senderismo y de los coches, ya que el lugar cuenta con su propia exposición de vehículos clásicos.

Figueirinha Ecoturismo

Herdade da Figueirinha dos Condados, Odemira figueirinhaeco turismo.pt · €

En la finca sostenible de Paula y Alexandre, situada en las afueras de Odemira, uno se siente como en casa. El desayuno en el patio permite disfrutar del jardín y los dueños ofrecen muchas recomendaciones para ver en la zona. Vale la pena quedarse despierto para ver el cielo antes de irse a dormir, en cabaña o en tienda.

Aljana Guest House

Rua Dr. Aresta Branco 1, Beja aljana.pt · €€

Hay muchas cosas que hacer en este sitio tan especial donde se recibe con té y un pastel. Los jardines están salpicados de plantas de lavanda y conducen a agradables habitaciones. Está ubicado junto al impresionante castillo de Beja.

Burrico d'Orada

Monte do Carvalhal, EN258 km 22,6, Vidigueira-Moura burricodorada.com · €€

El Alentejo es sinónimo de relajación, y no hay mejor sitio para ello que Burrico d'Orada. Esta finca rural en las afueras de Serpa ofrece la posibilidad de conectar con esta zona mediante catas de vino de *talha*, excursiones en barco por la presa del Alentejo e incluso vendimiando.

Dom Nuno

Rua José Fernan des Caeiro 6, Monsaraz (964) 304 078 · €

Monsaraz es, de lejos, uno de los pueblos más bonitos del Alentejo y Dom Nuno es la base perfecta para recorrerlo. Este hotel está ubicado en una casa típica a unos pasos del increíble castillo del pueblo y cerca de algunos restaurantes muy agradables. Las vistas desde la terraza valen la pena.

Quinta das Lavandas

Sítio de Vale Dornas, Castelo de Vide quintadaslavandas.pt · €€

Esta casa de campo situada en medio de campos de lavanda solo cuenta con siete habitaciones, lo que le da un aire de exclusividad. Los huéspedes pueden probar su licor de *ginjinhas* (cerezas), relajarse en la piscina, pasear por sus jardines o acercarse al vecino pueblo de Castelo de Vide.

ÍNDICE

FRASES ÚTILES

Emergencias

¡Socorro!	Socorro!
¡Alto!	Pára!
¡Llame a un médico!	Chame um médico!
¡Llame una ambulancia!	Chame uma ambulância!
¡Llame a la policía!	Chame a polícia!
¡Llame a los bomberos!	Chame os bombeiros!

Comunicación básica

Sí	Sim
No	Não
Por favor	Por favor/Faz favor
Gracias	Obrigado/a
Perdón	Desculpe
Hola	Olá
Adiós	Adeus
Buenos días	Bom dia
Buenas tardes	Boa tarde
Buenas noches	Boa noite
Ayer	Ontem
Hoy	Hoje
Mañana	Amanhã
Aquí	Aqui
Allí	Ali
¿Qué?	O quê?
¿Cuál?	Qual?
¿Cuándo?	Quando?
¿Por qué?	Porquê?
¿Dónde?	Onde?

Frases habituales

¿Cómo está usted?	Como está?
Muy bien, gracias	Bem, obrigado/da
Encantado/a de conocerle	Prazer
Hasta luego	Até logo
De acuerdo/está bien	Está bem
¿Dónde está/an…?	Onde está/estão…?
¿A qué distancia está…?	A que distância fica…?
¿Cómo se va a…?	Como se vai para?
¿Habla usted español?	Fala espanhol?
No entiendo	Não compreendo
Lo siento	Desculpe

Palabras habituales

grande	grande
pequeño	pequeno
caliente	quente
frío	frio
bueno	bom
malo	mau
bastante	bastante
bien	bem
abierto	aberto
cerrado	fechado
izquierda	esquerda
derecha	direita
cerca	perto

lejos	longe
arriba	para ciuma
abajo	para baixa
temprano	cedo
tarde	tarde
entrada	entrada
salida	saída
aseos	casa de banho
más	mais
menos	menos

Compras

¿Cuánto cuesta esto?	Quanto custa isto?
Quisiera…	Queria…
¿Aceptan tarjetas de crédito?	Aceita cartaões de crédito?
¿A qué hora abren?	A que horas abre?
¿A qué hora cierran?	A que horas fecha?
Este	Este
Ese	Esse
caro	caro
barato	barato
talla (ropa/número de calzado)	número
blanco	branco
negro	preto
rojo	vermelho
amarillo	amarelo
verde	verde
azul	azul

Visitas turísticas

catedral	sé
iglesia	igreja
jardín	jardim
biblioteca	biblioteca
museo	museu
oficina de turismo	posto de turismo
estación de autobuses	estação de autocarros
estación de tren	estação de comboios

En el hotel

¿Tienen habitaciones?	Tem um quarto livre?
habitación individual	quarto individual
habitación doble	quarto de casal
habitación con dos camas	quarto com duas camas
llave	chave
Tengo una reserva	Tenho um quarto reservado

En el restaurante

¿Tienen mesa para…?	Tem uma mesa para…?
Quisiera reservar mesa	Quero reservar uma mesa
La cuenta, por favor	A conta por favor/faz favor
Soy vegetariano/a	Sou vegetariano/a
la carta	a lista

menú de precio fijo	a ementa turística
la carta de vinos	a lista de vinhos
un vaso	um copo
una botella	uma garrafa
media botella	meia-garrafa
un cuchillo	uma faca
un tenedor	um garfo
una cuchara	uma colher
un plato	um prato
una servilleta	um guardanapo
desayuno	pequeno-almoço
comida	almoço
cena	jantar
cubierto	couvert
entrante	entrada
primer plato	prato principal
plato del día	prato do dia
plato combinado	combinado
media ración	meia-dose
postre	sobremesa
poco hecho	mal passado
normal	médio
muy hecho	bem passado

La carta

sopa de ajo	açorda
azúcar	açúcar
agua mineral	água mineral
con gas	com gás
sin gas	sem gás
ajo	alho
almejas	amêijoas
piña	ananás
arroz	arroz
asado	assado
atún	atum
ave	aves
aceite	azeite
aceitunas	azeitonas
bacalao	bacalhau
patatas	batatas
patatas fritas	batatas fritas
café solo	bica
filete	bife
cordero	borrego
café	café
cangrejo	caranguejo
carne	carne
cebolla	cebola
cerveza	cerveja
té	chá
fiambre	fiambre
pollo	frango
helado	gelado
naranja	laranja
leche	leite
manzana	maçã
mantequilla	manteiga
huevos	ovos
pan	pão
pez	peixe
queso	queijo
ensalada	salada
salchichas	salsichas

sándwich	sandes
centollo	santola
zumo	sumo
tomate	tomate
vino blanco	vinho branco
vino tinto	vinho tinto
ternera	vitela

Números

0	zero
1	um
2	dois
3	três
4	quatro
5	cinco
6	seis
7	sete
8	oito
9	nove
10	dez
11	onze
12	doze
13	treze
14	catorze
15	quinze
16	dezasseis
17	dezassete
18	dezoito
19	dezanove
20	vinte
21	vinte e um
30	trinta
40	quarenta
50	cinquenta
60	sessenta
70	setenta
80	oitenta
90	noventa
100	cem
101	cento e um
102	cento e dois
200	duzentos
300	trezentos
400	quatrocentos
500	quinhentos
700	setecentos
900	novecentos
1.000	mil

Tiempo

un minuto	um minuto
una hora	uma hora
media hora	meia-hora
lunes	segunda-feira
martes	terça-feira
miércoles	quarta-feira
jueves	quinta-feira
viernes	sexta-feira
sábado	sábado
domingo	domingo

AGRADECIMIENTOS

Edición actualizada por

Colaboración Joana Taborda

Edición sénior Alison McGill

Diseño sénior Laura O'Brien, Vinita Venugopal

Edición de proyecto Lucy Sara-Kelly, Anuroop Sanwalia

Diseño de proyecto Ankita Sharma

Responsable de documentación fotográfica adjunto Virien Chopra

Documentación fotográfica sénior Nishwan Rasool

Asistencia en documentación fotográfica Manpreet Kaur

Diseño de cubierta Ankita Sharma

Iconografía de cubierta Harriet Mills

Cartografía de proyecto Ashif

Cartografía James Macdonald, Suresh Kumar

Diseño DTP sénior Tanveer Zaidi

Diseño DTP Rohit Rojal, Vikram Singh

Producción Kariss Ainsworth

Responsables editoriales Beverly Smart, Hollie Teague

Edición de arte Gemma Doyle

Edición de arte sénior Priyanka Thakur

Dirección de arte Maxine Pedliham

Dirección editorial Georgina Dee

DK quiere dar las gracias a las siguientes personas por su contribución a la edición anterior: Paul Bernhardt, Blue Island Publishing London, Mark Harding, Laura Walker.

La editorial quiere agradecer a las siguientes personas, instituciones y compañías el permiso para reproducir sus fotografías:

(Leyenda: a-arriba; b-abajo; c-centro; f-extremo; l-izquierda; r-derecha; t-superior)

123RF.com: pkazmierczak 13cl (8), 28-29t.
À Terra, Vila Monte: Nick Bayntun 101.
Alamy Stock Photo: a-plus image bank 35b, Mauricio Abreu 43b, 72, 118, Angelo DeVal-Travel Photography 66, Fernando Batista 31t, Paul Bernhardt 24, Ian Bottle 9cra, Buiten-Beeld / Nico van Kappel 40t, Classic Image 10cla, Carmo Correia 12cr, Design Pics Inc / Peter Zoeller / Destinations 62t, dpa picture alliance 11t, 26br,

Earth Pixel LLC 45t, 45b, 55t, Greg Balfour Evans 92, eye35 47, 108, eye35 stock 103t, 109, eye35.pix 56t, Andrew Fare 8, Findlay 13cla, FOST 37t, Gacro74 33t, Kevin George 61b, Javier Gil 13bl, Andreas Harbarth 69t, Clare Hargreaves 119, Gardel Bertrand / Hemis.fr 25b, 46t, 88, Guiziou Franck / Hemis.fr 39bl, 104, Image Professionals GmbH / LOOK-foto 44b, 78b, Image Professionals GmbH / S. Lubenow 41, Image Professionals GmbH / Sabine Lubenow 15br, imageBROKER / G&M Therin-Weise 21bl, imageBROKER / Michael Weber 23, imageBROKER.com GmbH & Co. KG / Jürgen Wackenhut 62b, imageBROKER.com GmbH & Co. KG / Peter Schickert 85t, Ingolf Pompe 46 79, Hideo Kurihara 117, Cro Magnon 46b, 52, 56b, 114tl, Dov Makabaw 77t, mauritius images GmbH 103b, Mikehoward 2 22t, 65, 68, 90, 100, 106, Mikehoward 3 34, David Milsen 105tl, Perry van Munster 49, picture that 26bl, 76t, Prisma Archivo 10br, robertharding / Nando Machado 59t, David Robertson 116, Mauro Rodrigues 80, Eckhard Supp 75t, James Talalay 32cl, The Art Archive / Gianni Dagli Orti 9tl, travelpixs 53t, Duncan Usher 40b, Michel & Gabrielle Therin-Weise 75b, 115tl, Westend61 GmbH / Michael Reusse 60t.

Apolónia Supermercados: 91t.

AWL Images: ClickAlps 42-43t, Neil Farrin 78t, Jeremy Flint 19, Sabine Lubenow 38, Alex Robinson 30.

Paul Bernhardt: 26crb.

Depositphotos Inc: PantherMediaSeller 9crb.

Dreamstime.com: Ahfotobox 107, Aletheia97 70-71, Antonel 57t, Bennymarty 10clb, Chin 51t, Daliu80 51b, 97, Dudlajzov 13clb, 26cb, 59b, 113b, Elena268 83, Rudolf Ernst 15tc, 17tc, 21tl, Fosterss 81b, Tamas Gabor 11b, Hugo Goudswaard 87bl, Ernesto Jimenez 12crb, Joyfull 13cl, Mykola Khoroshkov 20bl, Carlos Neto 99tl, Luis Pina 114b, Perese750 37b, Mauro Rodrigues 67, Saiko3p 55b, Sohadiszno 89, 121, Jacek Sopotnicki 20br, 25t, 27, 94-95, 98, Vvoevale 14clb, Rudmer Zwerver 63.

Getty Images: Moment / Carol Yepes 12cra, Moment / Francesco Riccardo Iacomino 110-111, Moment / M Swiet Productions 1, Moment / Miguel Sotomayor 12br, Moment / Valter Jacinto 39cb, Moment Open / Zu Sanchez Photography 13tl, Photodisc / Josh Smith / Ascent Xmedia 6-7, Luke Walker / Stringer 64b.

Getty Images / iStock: Caroline Brundle Bugge 60b, Evis Disha 5, Rui T Guedes 113t, Uwe Moser 61t.

useu de Lagos: José Vicente 36t, 36b.

useu do Traje de São Brás de Alportel: 53b.

 Charneco: 93.

orches Pottery: 91b, Brian P. Fortune 76b.

cience Photo Library: 10tl.

hutterstock.com: ADV images 39crb, Johan C.
p den Dries 16cr, GTW 9tr, Iuri S Design 86-87t,
aphael Rivest 17b, Mauro Rodrigues 33b/.

ommissioned Photography: Paul Bernhardt,
atthew Hancock, Will Heap, William Reavell,
ough Guides/ Eddie Gerald, Linda Whitwam.

ubierta:
elantera y lomo: **Alamy Stock Photo:** Earth
ixel LLC; *Trasera:* **Alamy Stock Photo:** Earth
ixel LLC cl, Guiziou Franck / Hemis.fr tr;
hutterstock.com: Johan C. op den Dries tl.

apa desplegable:
lamy Stock Photo: Earth Pixel LLC.

esto de imágenes © Dorling Kindersley

De la edición en español
Servicios editoriales Moonbook
Traducción DK
Coordinación editorial Cristina Gómez de las Cortinas
Dirección editorial Elsa Vicente

Impreso y encuadernado en China

Publicado originalmente
en Gran Bretaña en 2003
por Dorling Kindersley Limited, DK,
20 Vauxhall Bridge Road,
London, SW1V 2SA, UK

Copyright © 2003, 2025 Dorling
Kindersley Limited
Parte de Penguin Random House

Título original DK Top 10 Algarve
Octava edición, 2025

ISBN: 978-0-241-77195-2